신방수 세무사의
메디컬 건물,
이렇게 취득하고 운영하라

신방수 세무사의

# 메디컬 건물, 이렇게 취득하고 운영하라

신방수 지음

두드림미디어

# 머리말

메디컬 건물(빌딩)은 주로 의료업을 위해 사용되는 부동산을 말한다. 이는 본인이 취득해 사업장으로 사용할 수도 있고, 제삼자인 개인이나 법인이 취득해 의료사업자에게 임대할 수도 있다. 그런데 최근에는 해당 건물을 사업자의 가족이나 가족법인이 취득해 사업자 본인에게 임대하는 형태로 진화하고 있다. 특히 가족법인은 영속성이 강하고 상속·증여 측면에서 효용성이 커 이에 관한 관심이 증폭되고 있다. 하지만 현실에서는 메디컬 건물을 취득할 때, 명의를 어떤 식으로 정할지를 두고 혼선이 발생하고 있다. 개인과 법인에 따라 과세되는 방식이 달라지고, 개인 명의로 취득하는 경우라도 본인 명의와 가족 명의에 따라 세금의 내용이 달라지기 때문이다.

이 책은 이러한 배경하에 메디컬 건물을 취득하기에 앞서 명의에 따라 달라지는 세무의 내용을 체계적으로 전달하기 위해 집필되었다. 그렇다면 이 책의 장점은 무엇일까?

첫째, 메디컬 건물의 운영에 필요한 세무문제를 모두 다루었다.

이 책은 총 9장과 부록으로 구성되었다. 1장부터 2장까지는 메디컬 건물과 관련된 기초적인 내용을, 3장부터 5장까지는 메디컬 건물과 관련해 실무자들이 알아둬야 할 내용을, 6장부터 9장까지는 명의선택과 관련된 내용을 다루고 있다. 한편 부록은 메디컬 빌딩을 신축할 때 알아두면 좋을 내용을 별도로 담았다.

· 1장 메디컬 건물에 관심이 많은 이유
· 2장 메디컬 건물과 부동산 세금
· 3장 취득가액을 장부에 올리는 방법
· 4장 메디컬 건물과 소득·비용 처리법
· 5장 메디컬 건물의 양도와 부가세, 양도세 처리법
· 6장 메디컬 건물취득 명의 선택요령
· 7장 본인 명의로 운영하는 경우의 세무 처리법
· 8장 배우자 명의로 운영하는 경우의 세무 처리법
· 9장 법인 명의로 운영하는 경우의 세무 처리법
· 부록 메디컬 빌딩 신축(리모델링)과 핵심 세무 검토

둘째, 실전에 필요한 다양한 사례를 들어 문제해결을 쉽게 하도록 했다.

모름지기 책은 정보를 단순하게 나열하는 것보다는 입체적으로 전달하는 것이 훨씬 값어치가 있을 것이다. 이러한 관점에 따라 이 책은 기본적인 내용은 물론이고, 실전에 필요한 사례를 최대한 발굴해 이해의 깊이를 더할 수 있도록 노력을 많이 했다. 저자가 현장에서 문제를 어떻게 해결하는

지를 지켜보는 것만으로도 이와 유사한 세무문제를 손쉽게 해결할 수 있을 것으로 기대한다. 이외 실무적으로 더 알아두면 유용할 정보들은 Tip이나 절세 탐구를 신설해 정보의 가치를 더했다. 또한, 곳곳에 요약된 핵심정보를 제공해 실무적용 시 적응력을 높일 수 있도록 노력했다.

*셋째, 국내 최초로 메디컬 건물에 관련된 특화된 세무정보를 다루었다.*

현행의 세제는 메디컬 건물에 대해 별도로 다루고 있지 않다. 이에 저자는 국내 최초로 메디컬 건물에 대한 세제를 여러 각도로 분석하고 실무에 적용할 수 있도록 심혈을 기울였다. 예를 들어 부동산을 일괄공급할 때 토지와 건물의 가액을 어떤 식으로 구분하는 것이 좋을지, 본인 명의로 취득한 후 건물을 양도하면서 권리금을 받으면 양도세가 어떤 식으로 과세되는지, 메디컬 빌딩을 신축할 때 취득세와 부가세는 어떤 식으로 처리되는지 등이 이에 해당한다. 이러한 일련의 흐름 속에 독자들은 이 책을 통해 메디컬 건물은 물론이고, 더 나아가 다른 업종의 사업용 건물에 대한 명의선택요령도 자연스럽게 터득할 수 있을 것으로 기대한다.

이 책은 메디컬 건물의 취득과 운영에 대한 정보가 필요한 개원의를 비롯한 의료업계 종사자, 일반 투자자, 자산관리 또는 세무업계 종사자 등이 보면 좋을 것이다. 물론 약사업이나 수의사업, 음식점업 등 다른 업종에 종사하는 사업자가 봐도 문제가 없다. 사업용 부동산에 대해서는 동일한 세제의 원리가 적용되기 때문이다. 그런데 이 책이 국내 최초로 메디컬 건물에 대한 세무 처리법을 다루다 보니 어떤 독자는 다소 생소하게 느껴질 수 있을 것이다. 이에 저자는 누구라도 편하게 책을 볼 수 있도록 최대한 쉽게

쓰고자 노력했다. 다만, 독자에 따라서는 일부 내용에 대해 이해하기 힘들수 있다. 이때는 저자가 운영하는 네이버 카페(신방수세무아카데미)를 통해 궁금증을 해소하기 바란다. 이곳에서는 실시간 세무 상담은 물론이고, 최신의 세무정보, 회사를 운영하는 데 필요한 서식 그리고 세금 계산기 등도 장착되어 있어 활용도가 높을 것이다.

이 책은 많은 분의 응원과 도움을 받았다. 우선 이 책의 내용에 대한 오류 및 개선 방향 등을 지적해주신 권진수 회계사님께 감사의 말씀을 드린다. 그의 앞날에 무궁한 발전이 있기를 기원한다. 그리고 항상 저자를 응원해주신 카페회원들과 가족의 안녕을 위해 늘 기도하는 아내 배순자와 대학생으로 본업에 충실히 임하고 있는 두 딸 하영이와 주영이에게도 감사의 말을 전한다.

아무쪼록 이 책이 메디컬 건물의 세무 처리에 능통하고 싶은 분들에게 작은 도움이라도 되었으면 한다.

독자들의 건승을 기원한다.

역삼동 사무실에서

세무사 **신방수**

# 일러두기

이 책을 읽을 때는 다음 사항에 주의하시기 바랍니다.

**1. 개정세법의 확인**

이 책은 2024년 6월 말에 적용되고 있는 세법을 기준으로 집필되었습니다. 실무에 적용 시에는 그 당시에 적용되고 있는 세법을 확인하는 것이 좋습니다. 세법 개정이 수시로 일어나기 때문입니다.

**2. 용어의 사용**

이 책은 다음과 같이 용어를 사용하고 있습니다.

· **소득세법**(시행령) → **소법**(소령)
· **법인세법**(시행령) → **법법**(법령)
· **부가가치세법**(시행령) → **부가세법**(부가령)
· **지방세법**(시행령) → **지법**(지령)
· **지방세특례제한법**(시행령) → **지특법**(지특령)
· **상속세 및 증여세법**(시행령) → **상증법**(상증령)
· **양도소득세** → **양도세 등**

**3. 세금 계산기 등 세무정보**

· 부동산 세금 계산기는 홈택스 홈페이지나 저자의 카페를 활용할 수 있습니다.
· 기타 수시로 발표된 정부의 세제 정책에 대한 세무정보 등은 저자의 카페에서 제공하고 있습니다.

**4. 책 내용 및 세무 상담 등에 대한 문의**

책 표지의 안 날개 하단을 참조하시기 바랍니다. 특히 세무 상담은 저자의 카페에서 자유롭게 할 수 있으니 잘 활용하시기 바랍니다.

# 목차

# 3장 취득가액을 장부에 올리는 방법

# 4장 메디컬 건물과 소득·비용 처리법

# 8장 배우자 명의로 운영하는 경우의 세무 처리법

# 9장 법인 명의로 운영하는 경우의 세무 처리법

# [부록] 메디컬 빌딩 신축(리모델링)과 핵심 세무검토

# 1장

## 메디컬 건물에 관심이 많은 이유

# 메디컬 건물의
# 실익은 무엇일까?

　메디컬 건물은 의료업 등을 위해 사용하고 있는 부동산을 말한다. 이에는 소규모 상가부터 대규모 빌딩을 포함한다.* 특히 후자의 경우 실무에서는 메디컬 빌딩으로 불리는데, 보통 2층 이상 10층 정도의 규모로 병의원, 약국, 검사실 등 다양한 의료시설이 밀집되어 운영되고 있다. 그런데 예나 지금이나 개원의를 중심으로 메디컬 건물에 관심을 가지는 경우가 많다. 왜 그럴까?

* 이 책에서 건물은 대지와 그 위의 건축물을 합한 것을 말하며, 규모가 큰 경우의 메디컬 빌딩도 메디컬 건물에 포함하고 있다.

　첫째, 비싼 임차료를 내야 하기 때문이다.

　병의원 등을 운영하기 위해서는 기본적으로 사업장이 필요하다. 그런데 상권이 좋은 위치에 있는 건물들은 임차료를 부담하는 수준이 상당히 높다. 그래서 임차료 대신 자가 건물로 사업을 영위하고픈 생각을 가지게 된다.

☞ 현재 지출하고 있는 임차료와 자가 건물 취득 시 지출되는 지급이자, 감가상각비 등을 고려해 구입에 대한 의사결정을 할 수 있어야 한다.

둘째, 사업을 안정적으로 영위할 수 있기 때문이다.

메디컬 건물을 생각하는 가장 큰 이유는 임대차계약 기간에 구애받지 않고 안정적으로 사업을 영위하고 싶은 생각이 아닐까 싶다. 이렇게 사업을 안정적으로 영위하다 보면 향후 사업장 양도 시 처분이익이나 영업권 소득 등을 부수적으로 올릴 수 있게 된다.

☞ 이를 위해서는 메디컬 건물취득 시부터 양도 시까지 정교한 의사결정이 이루어져야 한다.

셋째, 재테크 측면에서도 유용하기 때문이다.

사업장은 본인이 구입해 직접 사용할 수도 있고, 가족이나 가족법인(영리법인) 등을 통해 임대업용으로 운영할 수도 있다. 이때 부동산 소유를 가족법인이 하는 경우 주주 구성 등을 통해 가족 간에 소득 배분이나 상속·증여 등을 원활히 할 수 있게 된다. 또한, 법인은 영속성이 강하므로 이를 통해 자본집중을 해두면 자산관리 측면에서도 의미 있는 효과를 얻을 수도 있다.

☞ 메디컬 건물을 본인의 소유로 할 것인지, 가족이나 가족법인으로 할 것인지, 신축할 것인지 등의 여부 등은 별도로 살펴봐야 한다. 참고로 이러한 모형은 일반 투자자나 분양 사업자 등의 관점에서도 관심이 있는 주제에 해당한다.

## Tip 메디컬 건물을 운영하는 방법

1. 본인 명의 : 사업자 본인의 명의로 건물을 취득하는 방법을 말한다. 이 경우 사업에 직접 사용하므로 임차료는 발생하지 않으며 건물 마모분에 대해서는 감가상각비를 계상해 비용으로 처리할 수 있다.

2. 배우자 등 가족 명의 : 배우자 등 가족의 명의로 건물을 취득하는 방법을 말한다. 이 경우 배우자 등이 임대사업자가 되며, 임차인은 특수관계인인 남편 등 사업자가 된다.

3. 법인 명의 : 사업자 본인을 포함한 가족이 중심이 된 법인을 설립하고 이를 통해 임대 등을 하는 형태를 말한다. 이때 법인이 특수관계에 있는 가족에게 임대한 경우 임대차계약을 제대로 맺어야 사후에 문제가 없다.

☞ 이 책은 이 세 가지 명의 형태에 따른 세제의 차이 및 최적의 명의를 선택하는 방법 등을 설명하고 있다.

# 메디컬 건물의 장점 1 :
# 이자 등을 비용으로 처리할 수 있다

앞에서 살펴본 메디컬 건물의 실익을 하나씩 살펴보자. 먼저 타가 건물을 자가 건물로 대체한 경우를 보겠다. 원래 사업을 위해 건물을 임차한 경우 해당 임차료는 해당 사업자의 비용에 해당한다. 그렇다면 이를 본인이나 가족 등이 자가 건물을 구입해 소유하면 어떤 식으로 달라질까?

## 1. 자가 건물로 대체한 경우의 비용 처리법

메디컬 건물을 자가 건물로 구입한 경우 본인이 직접 사용할 수도 있고, 가족 등의 소유를 통해 본인이 임차할 수도 있다. 이때 발생하는 비용의 종류는 다음과 같이 정리할 수 있다.

| 구분 | 타가 건물을 임차한 경우 | 본인이 구입해 직접 사용한 경우 | 가족을 통해 임대를 받은 경우 | |
|---|---|---|---|---|
| | | | 본인 | 가족 |
| 비용의 종류 | 임차료 | ·감가상각비<br>·지급이자<br>·재산세 등 | 임차료 | ·감가상각비<br>·지급이자<br>·재산세 등 |
| 비고 | – | – | | 임대료 수입 발생 |

표에서 감가상각비는 매년 마모가 되는 건물 부분을 일정한 절차에 따라 비용으로 처리하는 것을 말한다. 이에 대한 자세한 내용은 뒤에서 별도로 살펴보겠다.

## 2. 적용 사례

병의원을 경영하는 K씨는 의사로서 다음과 같이 임차료를 부담하고 있다. 물음에 답해보자.

[자료]
· 월 임차료 : 500만 원
· 연간 임차료 : 6,000만 원
· 시세 대비 임대수익률 : 3%
· 대출이자율 : 4%

Q 1. 연간 임차료를 시세 대비 임대수익률 3%로 나누면 얼마의 금액이 나오는가?

6,000만 원을 3%로 나누면 20억 원이 나온다. 참고로 자료에서 가정한

임대수익률 3%는 건물이 위치한 곳과 시장 상황 등에 따라 다르게 책정될 수 있다(일반적으로 2~5%).

Q 2. 만약 K씨가 20억 원짜리 건물을 산 경우 비용은 얼마나 발생하는가? 단, 이 중 절반은 대출을 받은 것이라고 하자.

20억 원 중 10억 원의 4%인 4,000만 원인 지급이자가 발생하며, 건물에 대한 감가상각비가 추가된다. 예를 들어 20억 원 중 건물가액이 10억 원이고 감가상각 기간이 40년이라면 매년 2,500만 원 정도의 비용이 추가된다.

Q 3. 임차료를 지급하는 안과 자가 건물로 처리하는 안의 절세효과는 어떻게 되는가? 단, 세율은 35%를 적용한다.

| 구분 | 임차료를 지급하는 안 | 자가 건물로 처리하는 안 |
|---|---|---|
| 임차료 | 6,000만 원 | – |
| 지급이자 | – | 4,000만 원 |
| 감가상각비 | – | 2,500만 원 |
| 계 | 6,000만 원 | 6,500만 원 |
| × 세율 | 35% | 35% |
| = 절세효과 | 2,100만 원 | 2,275만 원 |

이 표를 보면 자가 건물로 처리하면 매년 175만 원(40년 기준 7,000만 원) 정도의 절세효과가 추가로 발생함을 알 수 있다.

Q 4. 앞의 부동산 구입 시 건물에 대한 부가세가 1억 원이라고 하자.

그런데 K씨가 면세사업자라면 이의 환급이 불가능하다. 그렇다면 이로 인한 궁극적인 현금유출액은 얼마나 될까?

· **부가세 불환급액에 따른 현금유출액**

= 부가세 불환급액 - 감가상각비 절세효과

= 1억 원 - (1억 원 × 35%)

= 6,500만 원

☞ 건물취득 시 발생한 부가가치세(부가세) 불환급액은 자산의 취득가액이 되어 감가상각비로 처리되므로 현금유출액을 축소시키는 역할을 한다.

Q 5. 부가세 불환급으로 인한 현금흐름은? 단, 취득연도와 40년을 기준으로 분석한다.

| 구분 | 취득연도 기준 | 40년 기준 |
|---|---|---|
| 비용 처리 절세효과 | 175만 원 | 7,000만 원 |
| - 부가세 불환급 | -1억 원 | -1억 원 |
| + 부가세 불환급에 대한 감가상각비 절세효과 | 88만 원* | 3,520만 원 |
| = 현금흐름 | -9,737만 원 | 520만 원 |

* (1억 원/40년) × 35% = 88만 원

건물을 구입한 연도에는 약 9,737만 원의 현금유출이 예상되나, 40년을 기준으로 하면 520만 원의 현금유입이 예상된다.

☞ 이러한 취득 유형은 시간이 지날수록 현금유입의 효과가 커지게 된다.

Q 6. 만일 사례의 건물을 본인이 아닌 배우자 명의로 취득해 이를 임대받으면 앞의 내용은 변경되는가?

· **취득 시 부가세 → 불환급에서 환급으로 변경**
· **감가상각비와 지급이자 → 임차료로 변경**

Q 7. 사례의 경우 본인 명의로 취득하는 것이 좋을까, 배우자 명의로 취득하는 것이 좋을까?

지금까지의 나온 정보만을 가지고는 결론을 내리기가 쉽지 않다. 상황에 따라 의사결정 내용이 달라지기 때문이다. 이에 대해서는 후술하겠다.

# 메디컬 건물의 장점 2 :
# 임차료를 조절할 수 있다

메디컬 건물을 사업자의 가족이나 법인이 보유한 경우에는 처한 상황에 맞춰 임차료를 조절할 수 있다. 물론 세법상의 시가에 맞춰야 한다. 이와 동떨어지게 임대차계약을 하면 소득세법(법인세법)상 부당행위계산 규정을 적용하기 때문이다. 다음에서 알아보자.

## 1. 임차료를 조절하는 원리

메디컬 건물을 가족이 구입해 본인에게 임대할 수도 있다. 이러한 방식도 법적으로 하등 문제는 없다. 민법상 계약자유의 원칙이 적용되기 때문이다. 다만, 임대료가 시세와 동떨어지면 세법상 규제를 받게 된다. 따라서 이러한 방식으로 임대차계약을 하고자 할 때는 시세부터 확인해야 한다.

### (1) 임차인의 매출이 높은 경우

임차인의 매출이 높은 상황에서는 비용을 추가하면 절세효과가 높다. 이 경우에는 임대보증금은 낮추고 임대료를 높이는 방식으로, 임대차계약을 체결하는 것이 좋다.

### (2) 임대인의 매출이 높은 경우

임대인의 매출이 높은 상황에서는 임대보증금을 높이고 임대료를 낮추는 방식으로, 임대차계약을 진행하는 것이 좋다.

## 2. 적용 사례

사례를 통해 이 내용을 확인해보자. 병의원 사업자인 K씨는 다음과 같이 배우자 명의로 메디컬 건물을 취득해 임대를 받고자 한다. 물음에 답해보자.

> [자료]
> · 메디컬 건물 : 취득가액 10억 원(부가세 5,000만 원 별도)
> · 담보대출 : 5억 원(이자율 5%)

Q 1. 주변 임대료는 건물 시세의 2% 정도가 된다고 하자. 이 경우 월 임대료는 얼마가 되는가?

건물의 취득가액인 10억 원의 2%이면 연간 2,000만 원이고, 이를 12개월로 나누면 대략 월 167만 원(전세보증금 없음)이 된다.

☞ 일반적으로 건물 시세 대비 임대수익률이 낮은 경우에는 건물가격이 높게 형성된다. 예를 들어 서울 강남권의 경우 임대수익률이 다른 곳보다 상대적으로 낮은데 건물의 시세는 상당히 높은 것으로 알려져 있다.

Q 2. 이렇게 계약을 체결하면 임대인과 임차인에 대한 세금처리는 어떻게 하는가?

임대인은 매출이 되는 한편 임차인은 비용이 된다.

Q 3. 만일 임차료를 줄이는 대신 임차보증금을 늘리는 것도 가능한가?

당연하다. 계약사항이기 때문이다. 다만, 특수관계인에 대해서는 세법상 시가인 임대료에 비해 동떨어지게 임대차계약을 맺으면 이를 부당행위*로 보기 때문에 임대료 등을 부인하고 세법에 맞게 고쳐 과세할 수 있다. 따라서 특수관계인 간의 임대차거래에 대해서는 적정 시가에 대한 검토를 제대로 할 수 있어야 한다.

* 통상 시세의 5%를 벗어나면 부당행위가 될 수 있다.

[돌발퀴즈] 만일 월세를 300만 원으로 하되 전세보증금을 2억 원으로 하면 어떤 문제가 있는가?

이에 대해서는 별다른 쟁점이 없을 가능성이 크다. 세법에서는 월세 일부를 전세보증금으로 대체한다고 해서 그렇게 크게 문제로 삼지 않기 때문이다. 물론 주변의 시세와 확 차이가 날 때는 문제 소지가 있을 수 있다.

☞ 주변의 시세가 없다면, 다음의 식처럼 세법상 적정임대료를 계산하

는데 이 식에서 나오는 임대료는 현실과 괴리가 되는 경우가 많다. 다음의
식에서 자산의 시가 대신 기준시가가 들어오는 경우가 많기 때문이다.

· (당해 자산시가의  100분의 50에 상당하는 금액 ― 그 자산의 제공과 관
련해 받은 전세금 또는 보증금을 차감한 금액) × 정기예금이자율(3.5%) =
(10억 원 × 50% ― 2억 원) × 3.5% = 1,050만 원(월 875,000원)

Q 4. 만일 월세를 166만 원에서 500만 원으로 올리면 어떤 문제가
발생하는가?

적정임대료 166만 원 기준으로 5%를 훨씬 상회하므로, 소법상 부당행위
로 보아 해당 금액을 인정하지 않을 가능성이 크다. 따라서 특수관계인 간
의 거래 시에는 주변의 시세를 참고삼아 임대료를 정하는 것이 중요하다.

☞ 임대료의 시가에 관련된 더 자세한 내용은 8장을 참조하기 바란다.

# 메디컬 건물의 장점 3 :
# 양도차익을 얻을 수 있다

메디컬 건물을 임차하면 소유권이 없으므로, 당연히 양도차익을 누릴 수 없다. 하지만 이를 본인 또는 가족 등이 소유하면 양도를 통해 시세차익을 얻을 수 있다. 다만, 이 과정에서 양도소득세(양도세) 등이 발생하므로 이러한 세금을 잘 관리하는 것이 중요하다. 대략적인 내용을 살펴보고, 뒤에서 더 자세히 알아보기로 하자.

## 1. 양도차익과 세금

메디컬 건물도 부동산에 해당하므로, 이의 소유자가 이를 양도함에 따라 양도차익을 얻을 수 있다. 다만, 이러한 양도차익 중 일부는 양도세 등으로 납부해야 한다.

| 구분 | 임차 | 자가 | | |
|---|---|---|---|---|
| | | 본인 명의 | 배우자 명의 | 법인 명의 |
| 양도차익<br>발생 여부 | × | ○ | ○ | ○ |
| 양도차익에<br>대한 세금 | – | 양도세 | 양도세 | 법인세 |
| 비고 : 양도차손이<br>발생한 경우 | – | 당해연도<br>양도차익과 통산 | 좌동 | 법인은 원칙적으로<br>이월 공제됨.* |

* 법인이 메디컬 건물을 양도하면서 발생한 손해를 본 경우 해당 손실금은 향후 15년간 이월 공제된다.

## 2. 적용 사례

다음과 같이 메디컬 건물을 양도했을 때 물음에 답해보자.

[자료]
· 취득가액 : 10억 원
· 감가상각 누계액(매년 감가상각비로 계상한 금액의 합계액) : 1억 원
· 양도예상가액 : 15억 원
· 보유기간 : 15년

Q 1. 위 부동산을 양도하면 양도차익은 얼마인가?

양도차익은 양도가액에서 취득가액을 차감해 계산한다. 이때 취득가액은 감가상각 누계액을 차감한 금액이 된다.

· **양도차익 = 15억 원 – (10억 원 – 1억 원) = 6억 원**

Q 2. 해당 부동산을 본인, 가족, 법인 명의로 보유 시 예상되는 세금은? 가족은 2인이 공동소유하고 있다고 가정한다.

| 구분 | 본인 명의 | 가족 명의 | | | 법인 명의 |
|---|---|---|---|---|---|
| | | 가족1 | 가족2 | 계 | |
| 양도차익* | 6억 원 | 3억 원 | 3억 원 | 6억 원 | 6억 원 |
| 장기보유 특별공제 (30%) | 1.8억 원 | 0.9억 원 | 0.9억 원 | 1.8억 원 | – |
| 과세표준 | 4.2억 원 | 2.1억 원 | 2.1억 원 | 4.2억 원 | 6억 원 |
| 세율 | 40% | 38% | 38% | – | 19% |
| 누진공제 | 2,594만 원 | 1,994만 원 | 1,994만 원 | – | 2,000만 원 |
| 산출세액 | 1억 4,206만 원 | 5,986만 원 | 5,986만 원 | 1억 1,972만 원 | 9,400만 원 |

* 메디컬 건물의 양도 시 양도차익은 토지와 건물로 구분해 계산하는 것이 원칙이다. 토지와 건물의 취득시기가 다를 수도 있고, 양도가액과 취득가액의 구분에 따라 토지나 건물의 한쪽에서 양도차손이 발생해 장기보유 특별공제액이 달라질 수 있기 때문이다. 이에 대한 자세한 내용은 5장 등에서 살펴본다.


Q 3. 사례의 경우 법인 명의로 양도하는 것이 세금이 가장 적게 나오는가?

그렇다. 다만, 법인의 세후 이익은 잉여금으로 계상되는데, 이를 배당 재원으로 사용하면 추가로 배당소득세를 부담해야 하므로 법인의 세금이 다소 증가할 가능성이 크다.

# 메디컬 건물의 장점 4 : 법인으로 운영하면 다양한 실익을 얻을 수 있다

앞에서 살펴봤듯이 사업자가 면세사업자이면 건물취득 시 환급받을 수가 없다. 따라서 이를 환급받기 위해 가족 등의 명의로 건물을 취득하는 경우가 많다. 당장 현금유출을 방지하기 위해서다. 그런데 최근에는 여기에서 더 나아가 가족법인을 통해 이를 소유하고자 하는 욕구가 늘어가고 있다. 다음에서 이에 대해 알아보자.

## 1. 메디컬 건물법인의 실익

메디컬 건물을 법인이 운영하면 개인이 운영할 때 발생하는 장점 외에도 자녀 등에게 대물림을 할 수 있는 등 다양한 도움을 받을 수 있다.

첫째, 세제는 개인이 임대하는 것과 비교해서 일부 차이가 난다.

우선 법인은 일반과세자가 되므로 부가세 환급을 받을 수 있고, 임대료도 자유롭게 정할 수 있다. 이러한 점은 개인과 같다. 다만, 취득세의 경우에는 법인이 불리할 수 있다. 중과세의 가능성이 있기 때문이다. 한편 소득세율은 6~45%나 법인세율은 9~24%가 된다. 이러한 점은 개인과 다르다.

둘째, 주주들은 배당을 받을 수 있다.

법인이 벌어들인 소득은 일차적으로 법인에 귀속된다. 이후 잔여 이익은 임직원의 급여나 상여 등으로 배분이 되며, 임직원이 아닌 자로서 주주에 해당하면 이들은 배당을 받을 수 있다. 이처럼 법인은 직접 일을 하지 않더라도 자본의 대가인 배당을 받을 수 있는 이점이 있다.

셋째, 법인을 통한 상속이나 증여 등을 원활히 할 수 있다.

메디컬 건물을 개인이 소유한 상태에서 상속이나 증여를 하는 경우, 부동산 소유권을 이전해야 한다. 이 과정에서 취득세 등 다양한 비용들이 발생한다. 하지만 법인의 경우에는 주식을 이전하므로 그 절차가 간단한 한편 취득세 등이 발생하지 않는다. 이러한 점이 자산관리 측면에서 상당히 효과가 있다. 이 외에도 법인을 통해 상속이나 증여 등을 하면 개인보다는 좀 더 나은 효과를 얻을 수 있다(9장 참조).*

* 저자의 《가족법인 이렇게 운영하라》을 참조하면 가족법인에 대한 설립방법 및 상속과 증여에 대해 전반적으로 알 수 있다.

## 2. 적용 사례

K법인은 다음과 같은 건물을 보유하고 있다. 물음에 답해보자.

Q 1. K법인의 재무상황을 재무상태표에 어떻게 표시할까?

| 자산<br>유형자산 50억 원 | 부채<br>차입금 49억 원 |
| | 자본<br>자본금 1억 원 |

Q 2. 법인이 개인에게 빌린 차입금에 대해서는 이자를 지급하지 않아도 되는가?

그렇다. 이에 대해서는 특별한 규제가 없기 때문이다.[*]

* 법인이 이자를 지급하지 않으면 법인의 이익이 커지게 되고, 이에 따라 법인세가 증가하기 때문에 이에 대해 규제를 하지 않는다. 단, 주주에 대한 증여세 문제가 발생할 수 있다.

Q 3. K법인은 메디컬 건물의 임대를 통해 당기에 수억 원의 매출을 올렸다. 이 중 세금을 제외한 순수 이익 중 이익준비금을 제외하고 1억 원을 주주에게 배당한다면 주주들은 얼마를 배당받게 되는가?

배당은 지분율에 맞게 받게 되므로 1주주당 2,500만 원씩 배당을 받게 된다.

Q 4. 만일 배당금을 자녀 2명에게 더 주고 싶다면 어떻게 하면 될까?

자녀의 주식 보유비율을 높이면 된다. 이때 수단에는 주식의 증여나 매매 같은 방법이 있다.


Q 5. 만일 주주 A가 사망하면 그의 주식은 어떻게 이전되는가?

민법상 상속절차에 따라 상속인 등에게 이전된다. 이때 주식가액은 세법에 맞게 평가되어야 한다.

☞ 법인의 경우 주식을 얼마나 보유하고 있느냐가 중요하다. 주식보유비율에 해당한 만큼 재산권을 누릴 수 있기 때문이다. 그런데 법인의 주식이 상장되어 있으면 주식가액을 바로 확인할 수 있으나, 비상장주식을 그렇지 않다. 이때 만약 비상장주식을 자녀 등에게 액면가로 이전하면 세법상 문제가 된다. 세법에서는 비상장주식에 대해서는 자산과 손익을 가지고 이를 평가하도록 하고 있기 때문이다. 이러한 점을 놓치면 세무위험이 매우 커지므로 특별히 유의하기 바란다.

메디컬 건물에 대한 세제는 세법이 따로 존재하지 않는다. 그 결과 취득자의 명의에 따라 세목 및 제도 등이 다양하게 변하기 때문에 상황에 맞는 최적의 세무관리법을 찾기가 힘들다는 특징이 있다. 따라서 이에 대한 세무를 효율적으로 관리하기 위해서는 기본적인 내용을 파악하고, 각 대안의 장단점을 비교한 후 자신에게 맞는 최적의 방안을 수립하는 것이 좋다. 다음 내용을 참고해보자.

## 1. 기초 부동산 세제 익히기

메디컬 건물도 부동산에 해당하므로 거래단계별로 다양한 세목이 발생한다. 대표적으로 취득세, 보유세, 양도세(법인은 법인세) 등이 이에 해당한다. 그런데 모든 거래 과정에서 부가세가 개입되는데, 이 세목이 명의선택에 영향을 주는 경우가 상당히 많다. 예를 들어 건물을 취득할 때 부가세가 1억 원이 발생할 것으로 예상하면, 이를 환급받기 위해서는 부가세법상 사업자는 '일반과세자'가 되어야 한다. 그런데 사업자가 면세사업자에 해당하면 이를 환급받지 못하게 된다.

☞ 이에 대해서는 2장을 참조하기 바란다.

## 2. 명의에 따른 세제의 차이점 익히기

명의는 크게 개인과 법인으로 구분되고 이중 개인은 본인과 배우자 등 가족으로 세분화할 수 있다. 이러한 구분에 따라 세제의 내용이 달라지는데, 대표적으로 취득세의 경우 개인은 4%가 적용되나 법인은 8% 등이 적용될 수 있다. 한편 개인은 6~45%의 소득세를 내지만, 법인은 9~24%의 법인세를 내게 된다.

☞ 이에 대해서는 7~9장을 참조하기 바란다.

## 3. 명의에 따른 자금조달법 익히기

일반적으로 메디컬 건물의 취득 시 소요되는 자금이 상당히 많다. 따라서 명의 형태에 따라 자금조달방법 및 이에 대한 세무상 쟁점을 이해해야 사후적으로 문제가 없다. 예를 들면 다음과 같다.

· 본인 명의 → 자기 자금이나 대출 등은 쟁점이 없다. 다만, 증여자금은 증여세 과세의 문제가 있다.

· 배우자 명의 → 본인 명의와 거의 유사하다. 다만, 공동사업의 경우에는 지급이자가 전액 비용으로 처리되지 않을 수 있다.

· 법인 명의 → 법인의 자본금이 부족한 경우 대표이사 등의 개인 자금을 일시 빌릴 수 있다. 개인 자금에 대해서는 이자를 지급하지 않아도 되지만, 이 경우 주주에 대한 증여세 문제가 발생할 수 있다.

☞ 이에 대해서는 2장과 9장을 참조하기 바란다.

## 4. 본인에게 맞는 최적의 명의 선택하기

앞에서 잠깐 살펴봤듯이 메디컬 건물을 소유하는 방법은 크게 '본인, 가족, 법인'이 있음을 알 수 있었다. 그런데 문제는 이 세 가지 대안 중 어떤 안이 우월한지를 명쾌하게 판단할 수 없다는 것이다. 자신이 처한 상황에 따라 선택기준이 달라지기 때문이다. 따라서 이 책의 독자들은 이를 기초로 앞으로 전개되는 내용을 섭렵한 후 최적의 안을 도출해보기 바란다.

☞ 이에 대해서는 6장을 참조하기 바란다.

## Tip 메디컬 건물과 세무상 쟁점

메디컬 건물은 수많은 장점에도 불구하고 주의해야 할 것들이 많다. 취득자 명의에 따라 발생하기 쉬운 세무상 쟁점을 정리하면 다음과 같다.

| 구분 | 세무상 쟁점 |
| --- | --- |
| 본인 명의 | · 본인이 면세사업자이면 부가세 환급을 받을 수 없다.<br>· 부동산을 양도하면서 받은 권리금은 양도세가 과세된다. |
| 배우자 명의 | · 취득자금이 과도한 경우 자금출처조사를 받을 수 있다.<br>· 지급이자에 대한 비용 처리가 제한될 수 있다. |
| 법인 명의 | · 취득세 중과세의 문제가 있다.<br>· 임대업 법인에 대해서는 성실신고확인제도가 적용된다.<br>· 부동산 과다보유법인에 대한 다양한 규제가 있다. |

☞ 독자들은 자신이 선택한 명의 유형에 따라 장점은 극대화하고 단점은 최소화하는 식으로 업무 처리를 하는 것이 좋다.

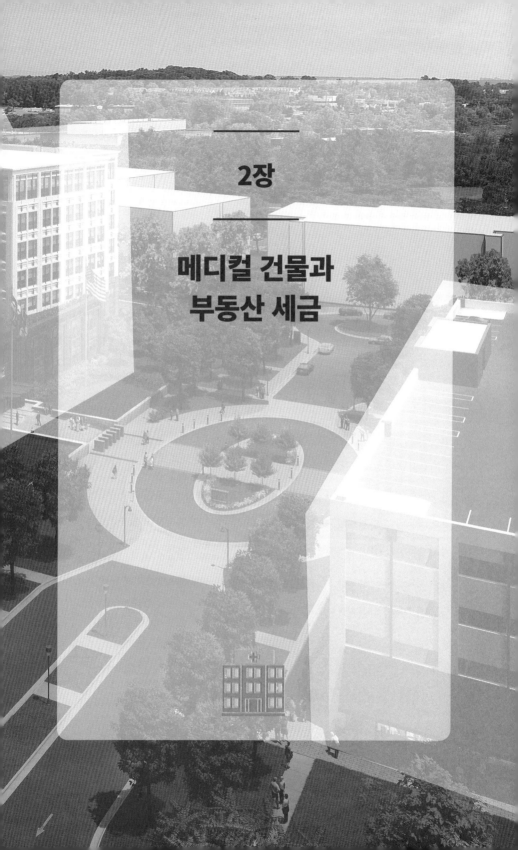

2장

# 메디컬 건물과
# 부동산 세금

# 메디컬 건물과
# 세금의 체계

메디컬 건물에 대한 세제는 다른 일반 건물과 차이가 없다. 취득하면 취득세, 보유하면 보유세, 양도하면 양도세나 법인세 등이 발생하기 때문이다. 물론 거래단계마다 부가세가 발생하지만, 이 세목도 일반 건물과 차이가 거의 없다. 그렇다면 애써가며 메디컬 건물에 대한 세제를 별도로 익혀야 하는 이유는 뭘까? 이는 메디컬 건물의 취득자 명의에 따라 세금의 내용이 확 달라지기 때문이다. 예를 들어 면세사업자가 건물을 취득하면 부가세 환급을 받지 못하며, 법인이 취득하면 취득세 중과세가 되는 것이 대표적이다. 따라서 메디컬 건물을 취득하기 전에 세제부터 정확히 이해할 필요가 있다. 다음에서는 이에 대해 알아보자.

## 1. 메디컬 건물의 거래와 세금

먼저 메디컬 건물의 거래에 따라 발생하는 세금을 정리하면 다음과 같다.

| 구분 | 개인 | 법인 |
|---|---|---|
| 취득 시 | 취득세, 부가세 | 좌동 |
| 보유 시 | 보유세 | 좌동 |
| 임대 시 | 소득세, 부가세 | 법인세, 부가세 |
| 양도 시 | 양도세, 부가세 | 법인세, 부가세 |
| 상속·증여 시 | 취득세, 상속세, 증여세, (증여)부가세 | 좌동 |

· 취득단계에서는 취득세와 부가세가 발생한다.

· 보유단계에서는 보유세가 발생한다.

· 임대단계에서는 종합소득세(법인세), 부가세가 발생한다.

· 양도단계에서는 양도세(법인세), 부가세가 발생한다.

· 상속·증여단계에서는 상속세와 증여세, (증여)부가세가 발생한다.


## 2. 취득단계

### (1) 취득세

메디컬 건물을 취득하면 취득세를 내야 한다. 이 경우 원칙적으로 취득 가액의 4.6%인 일반세율이 적용되나, 대도시(수도권 과밀억제권역 안을 말한다. 과밀 안) 내에서 설립된 지 5년이 미경과한 법인이 이 지역 내에서 부동산을 취득(승계취득 또는 원시취득)하면 취득세 중과세가 적용된다.

| 구분 | | 취득세 | 농어촌특별세 | 지방교육세 | 계 |
|---|---|---|---|---|---|
| 일반세율 | 승계취득 | 4% | 0.2% | 0.4% | 4.6% |
| | 원시취득 | 2.8% | 0.2% | 0.16% | 3.16% |
| 중과세율 (과밀 안) | 승계취득 | 8% | 0.2% | 1.2% | 9.4% |
| | 원시취득 | 4.4% | 0.2% | 0.48% | 5.08% |

☞ 과밀억제권역 내에서 법인 명의로 취득해 이를 병의원에 임대하고자 할 때는 취득세 중과세에 유의해야 한다. 다만, 중과세를 없애려면 법인 설립을 수도권 과밀억제권역 외의 지역에서 해야 한다. 자세한 내용은 9장에서 살펴본다.

### (2) 부가세

메디컬 건물은 토지와 건물로 구성되는데, 이중 건물의 공급가액에 대해서는 부가세가 발생하는 것이 원칙이다.[*] 이를 좀 더 세부적으로 구분해 살펴보면 다음과 같다.

[*] 토지의 공급은 부가세가 면세된다. 따라서 토지와 건물의 가액을 어떤 식으로 정하느냐에 따라 부가세액의 크기가 달라진다.

| 구분 | 공급 시 | 취득 시 |
|---|---|---|
| 일반과세자 | 건물가액의 10% 발생 | 부가세 환급 |
| 간이과세자 | 건물가액의 4% 발생 | – |
| 면세사업자 | – | – |

## 3. 보유단계

메디컬 건물을 보유한 경우에는 재산세와 종합부동산세를 부담한다.

| 구분 | 재산세 | 종합부동산세 |
|---|---|---|
| 과세기준일 | 6월 1일 | 좌동 |
| 과세기준 | · 토지 : 과세 ○<br>· 건물 : 과세 ○ | · 토지 : 기준시가 80억 원 초과 시 과세 ○<br>· 건물 : 과세 × |
| 세율 | · 건물 : 0.25%<br>· 토지 : 0.2∼0.4% | 토지 : 0.5∼0.7% |

## 4. 임대단계

메디컬 건물을 임대한 경우에는 부가세와 소득세(법인세)가 발생한다. 이를 요약하면 다음과 같다.

| 구분 | 개인 임대 | 법인 임대 |
|---|---|---|
| 부가세 | · 일반과세자 : 임대료의 10%<br>· 간이과세자* : 임대료의 4% | · 좌동<br>(법인은 무조건 일반과세자에 해당함) |
| 소득세 / 법인세 | 소득세 : 6~45% | 법인세 : 9~24% |

\* 부동산 임대업의 경우 연간 매출액이 4,800만 원(다른 업종 1억 400만 원)에 미달하면 간이과세자로 분류된다. 참고로 간이임대사업자의 연간 공급 대가가 4,800만 원에 미달하면 납부면제가 된다.

## 5. 양도단계

메디컬 건물을 임대한 후 양도하면 부가세와 양도세(법인세)가 발생한다. 이를 요약하면 다음과 같다.

| 구분 | 개인 임대 | 법인 임대 |
|---|---|---|
| 부가세 | · 일반과세자 : 건물가액의 10%<br>· 간이과세자 : 건물가액의 4% | · 좌동 |
| 양도세 / 법인세 | 소득세 : 6~45%(2년 이상 보유 시) | 법인세 : 9~24% |

## 6. 상속·증여단계

메디컬 건물을 상속이나 증여로 받게 된다면 상속세와 증여세가 발생한다. 최근 정부와 여당에서는 상속세 세율을 대폭 완화하려는 안을 추진하고 있다. 2024년 말 정기국회에서의 논의 과정을 지켜봐야 할 것으로 보인다.

| 구분 | 상속세 | 증여세 |
|---|---|---|
| 개념 | 상속개시일 현재의 상속재산에<br>대해 부과되는 세금 | 생전에 무상으로 이전되는<br>재산에 부과되는 세금 |
| 공제 | · 일괄공제<br>· 배우자 상속공제 등 | · 배우자공제<br>· 성년자녀 공제<br>· 혼인출산 증여공제 등 |
| 세율 | 10 ~ 50% | 좌동 |
| 비고 : 취득세율 | 3.16% | 4.0% |

# 메디컬 건물과
# 취득세

앞에서 살펴본 메디컬 건물에 대한 부동산 세제 중 취득세부터 좀 더 자세히 살펴보자. 취득세는 금액이 크고 자칫 중과세의 가능성이 있으므로 사전에 이에 대해 정리해두는 것이 좋다.

## 1. 취득 유형

취득세는 부동산의 취득 사실에 대해 부과되는 지방세로 취득 유형에 따라 다양한 형태로 과세된다. 메디컬 건물 관련 취득 유형은 크게 다음과 같이 구분할 수 있다.

| 구분 | | 내용 | 비고 |
|---|---|---|---|
| 승계취득 | | 시장에서 건물을 취득한 경우 | 분양분 포함 |
| 원시취득 | | 신축한 경우 | - |
| 무상취득 | 상속 | 상속을 받은 경우 | - |
| | 증여 | 증여를 받은 경우 | - |

☞ 이 책은 주로 건물을 승계 취득한 경우를 가정해 기술하고 있다. 신축에 대한 세무상 쟁점은 부록을 참조하기 바란다.

## 2. 취득세 과세표준

취득세 과세표준은 앞의 취득 유형에 따라 다음과 같이 정해져 있다.

| 구분 | | 과세표준 | 비고 | |
|---|---|---|---|---|
| | | | 개인 | 법인 |
| 승계취득 | | 사실상 취득가액 | · 간접비용 포함<br>· 부가세 제외<br>· 건설자금이자, 중개보수 제외* | · 좌동<br>· 좌동<br>· 포함 |
| 원시취득 | | 사실상 취득가액 | 사실상 취득가액이 불분명한 경우 : 시가표준액** | – |
| 무상 취득 | 상속 | 시가표준액 | – | |
| | 증여 | 시가 인정액 | 시가표준액 1억 원 이하는 시가표준액과 시가 인정액 중 선택 가능 | |

\* 개인은 장부작성이 힘들 수 있으므로 이자와 중개보수를 취득세 과세표준에 포함하지 않는다(법인은 포함한다).

\*\* 개인이 신축할 때 장부를 작성하지 않는 경우가 많아 시가표준액으로 취득세를 내는 것을 허용한다(단, 법인은 장부로 취득가액을 입증해야 한다). 이때 건물신축가격 기준액은 다음과 같은 방식으로 고시된다(수시로 변경).

[별표] 건물신축가격 기준액

| 번호 | 구분 | 건물신축가격기준액 |
|---|---|---|
| 1 | 주거용 건축물 | 810,000원 / ㎡ |
| 2 | 상업용 건축물 | 800,000원 / ㎡ |
| 3 | 공업용 건축물 | 790,000원 / ㎡ |
| 4 | 농수산용 건축물 | 600,000원 / ㎡ |
| 5 | 사회문화용 건축물 | 810,000원 / ㎡ |
| 6 | 공공용 건축물 | 800,000원 / ㎡ |
| 7 | 그 외 건축물 | 790,000원 / ㎡ |

☞ 법인의 경우 기본적으로 장부를 작성하기 때문에 이를 통해 취득가액을 확인할 수 있다. 따라서 취득 전까지 발생한 이자도 취득원가에 포함해 취득세를 부과한다. 한편, 신축의 경우 법인은 장부를 통해 취득가액을 확인할 수 있다. 그러나 개인은 장부를 작성하지 않아 사실상의 취득가액이 확인되지 않으면, 시가표준액을 취득세 과세표준으로 할 수 있도록 하고 있다.

## 3. 취득세 세율

메디컬 건물은 일반 건물로 이에 대한 취득세율은 표준세율과 중과세율로 구분된다. 앞의 취득 유형에 따라 이를 정리하면 다음과 같다.

### ① 표준세율

표준세율은 취득세 기본세율로 개인과 법인 모두에게 다음과 같이 적용한다.

| 구분 | | 세율 | 농특세율 | 지방교육세율 | 계 |
|---|---|---|---|---|---|
| 승계취득 | | 4% | 0.2% | 0.4% | 4.6% |
| 원시취득 | | 2.8% | 0.2% | 0.16% | 3.16% |
| 무상취득 | 상속 | 2.8% | 0.2% | 0.16% | 3.16% |
| | 증여 | 3.5% | 0.2% | 0.3% | 4.0% |

### ② 중과세율

중과세율은 주로 수도권 과밀억제권역(과밀안) 내의 인구집중을 억제하기 위해 이 지역 내에서 설립된 지 5년이 안 된 법인이 이 지역에서 메디컬 건물을 취득한 경우에 적용한다.

| 구분 | | 중과세율 | 농특세율 | 지방교육세율 | 계 |
|---|---|---|---|---|---|
| 승계취득 | | 8% | 0.2% | 1.2%<br>(0.4%×3배) | 9.4% |
| 원시취득 | | 4.4% | 0.2% | 0.48%<br>(0.16%×3배) | 5.08% |
| 무상취득* | 상속 | 2.8% | 0.2% | 0.16% | 3.16% |
| | 증여 | 3.5% | 0.2% | 0.3% | 4.0% |

* 메디컬 건물의 무상취득에 대해서는 중과세가 적용되지 않는다.

☞ 메디컬 건물의 취득과 관련해 개인은 일반세율이 적용되나, 법인은 중과세율이 적용될 수 있다.

# 메디컬 건물의 취득세 비과세, 일반과세, 중과세, 감면에 관한 모든 것

메디컬 건물은 취득가액이 크기 때문에 취득세도 많이 나오는 것이 일반적이다. 따라서 취득 전에 취득세가 얼마나 나오는지 정도는 감을 잡고 있어야 한다. 다음에서 취득세의 과세방식을 좀 더 구체적으로 알아보자.

## 1. 취득세 과세방식

메디컬 부동산을 취득하면 취득세가 발생하는데, 취득 유형, 취득 주체 등에 따라 과세방식이 다양하게 결정된다.

| 구분 | 승계취득 | 원시취득 | 증여취득 |
|---|---|---|---|
| 비과세 | 국가 등 취득 | 좌동 | − |
| 일반과세 | 4%(4.6%) | 2.8%(3.16%) | 3.5%(4.0%) |
| 중과세 | 8%(9.4%) | 4.4%(5.08%) | − |
| 감면 | 지특법상 감면 | 좌동 | − |

## (1) 비과세

지법 제9조에서 국가 등의 취득에 대해 비과세를 정하고 있다.

☞ 메디컬 건물은 비과세와 무관하다.

## (2) 일반과세

취득세는 비과세가 적용되지 않는 한 일반적으로 4%(농특세 등 추가 시 4.6%)가 부과된다.

## (3) 중과세

대도시 내에서 설립된 지 5년이 안 된 법인이 이 지역 내의 부동산을 취득한 경우 취득세가 중과세된다.

☞ 메디컬 건물에 대한 취득세 중과세는 승계취득과 원시취득에 대한 두 가지 유형으로 과세된다.

## (4) 감면

지특법에서는 취득세 감면을 다양하게 정하고 있는데, 아쉽게도 메디컬 건물의 취득에 대해서는 감면을 적용하지 않고 있다(단, 기업부설 연구소를 설치하면 그 부분은 감면이 가능). 다음에서는 참고삼아 창업중소기업과 기업부설 연구소에 대한 감면내용을 알아보자.

· 창업중소기업 취득세 감면

2026년 12월 31일까지 과밀억제권역 외의 지역에서 창업하는 중소기업(제조업 등이 열거되어 있음)이 창업일로부터 4년 이내(청년창업기업은 5년 이내)에

취득하는 부동산에 대해서는 취득세의 100분의 75를 경감한다(지특법 제58
조의 3).

| 구분 | 감면율 | 규정 |
|---|---|---|
| 수도권 과밀억제권역 외의 창업중소기업이 창업일부터 4년 이내에 취득하는 사업용 재산 | 취득세(75%) | §58의 3–①–1 |
| 창업벤처중소기업이 창업일부터 4년 이내 취득하는 사업용 재산 | 취득세(75%) | §58의 3–①–2 |
| 창업중소기업·창업벤처중소기업의 사업용 재산 | 재산세(50%) | §58의 2–② |
| 창업중소기업의 법인설립등기 | 등록면허세(100%) | §58의 2–③–1 |
| 창업벤처중소기업의 법인설립등기 | 등록면허세(100%) | §58의 2–③–2 |

· 연구개발 지원 감면(지특법 제46조)

| 구분 | 감면율 | 규정 |
|---|---|---|
| 기업부설 연구소*용에 직접 사용하는 부동산 | 취득세(25~75%) 재산세(25~75%) | §46 |

* 기업부설 연구소란 '기초연구진흥 및 기술개발지원에 관한 법률' 제14조의 2 제1항에 따라 인정받은 기업부설 연구소를 말한다. 여기서 제1항은 다음과 같이 되어 있다.

① 과학기술정보통신부 장관은 기업의 연구개발 활동을 효율적으로 지원하고 관리하기 위해 연구인력 및 시설 등 대통령령으로 정하는 기준을 충족하는 기업부설 연구기관 또는 기업의 연구개발부서를 기업부설 연구소 또는 연구개발전담부서로 인정할 수 있다(의료사업자가 연구소를 설립하면 취득세 감면을 받을 수 있다).


## 2. 적용 사례

K씨는 이번에 개원하자마자 10억 원짜리 메디컬 건물을 취득하려고 한다. 물음에 답해보자.

Q 1. 이 건물을 개인이 취득하면 취득세는 얼마나 되는가?

취득가액 10억 원의 4.6%인 4,600만 원이 취득세가 된다.


Q 2. K씨가 메디컬 건물을 구입해 창업한 경우 창업자에 대한 취득세 감면은 받을 수 없는가?

창업중소기업이 취득한 부동산에 대해서는 취득세를 75%(재산세는 3년간 면제 2년간 50% 감면) 감면한다. 하지만 법에서 정한 요건을 충족해야 한다.

· **수도권 과밀억제권역 밖에서 창업할 것**
· **제조업 등 법에서 열거한 업종에 해당할 것 등**

지특법 제58조의 3 제4항에서는 제조업, 건설업, 정보통신업 등이 열거되어 있다. 하지만 사례의 의료업은 열거되어 있지 않다. 따라서 사례의 경우 이 규정에 따른 취득세 감면은 받을 수 없다.


Q 3. K씨가 이 건물을 취득하면 취득세 중과세는 적용될 수 있는가?

개인이 취득하면 중과세는 적용되지 않는다. 취득세 중과세는 주로 법인에만 적용하기 때문이다.


Q 4. 만일 취득한 건물 중 일부를 기업부설 연구소로 사용하면 취득세 감면을 받을 수 있는가?

병의원도 기업부설 연구소를 설치할 수 있으므로, 취득세 감면이 가능하다. 연구소 요건은 인적 요건과 물적 요건을 동시에 구비해야 한다. 예를 들어 연구개발 전담부서의 경우, 전담연구원이 1명 이상이고 연구시설 등을 갖추고 있어야 한다(지특법 제46조 참조).

# 메디컬 건물과
# 부가세

메디컬 건물에서 가장 중요한 세목 중 하나는 모든 거래단계마다 등장하는 부가세다. 취득, 임대, 양도, 증여할 때 어김없이 등장하고, 특히 이 중 취득과 양도할 때 부가세 처리가 중요하다. 다음에서 이에 대해 알아보자.

## 1. 건물을 취득할 때 부가세 처리법

건물을 취득할 때 발생한 부가세는 다음과 같이 처리한다.

| 사업자 유형 | 취득 시 부가세 | 비고 |
| --- | --- | --- |
| 일반과세자 | 전액 환급 | |
| 간이과세자* | 환급 불가 | 불환급분은 취득원가 처리 |
| 면세사업자 | 환급 불가 | |
| 겸업 사업자** | 일반과세분만 환급 | 안분계산 |

* 임대업의 경우 연간 매출액이 4,800만 원에 미달하는 사업자를 말한다.

** 과세와 면세를 겸업하는 사업자를 말한다.

## 2. 건물을 양도할 때 부가세 처리법

건물을 양도할 때 발생하는 부가세는 다음과 같이 처리한다.

| 사업자 유형 | 취득 시 부가세 | 비고 |
|---|---|---|
| 일반과세자 | 건물가액의 10% 징수 | · 세금계산서 발급 원칙<br>· 단, 포괄양수도 시 부가세 생략 가능 |
| 간이과세자 | 건물가액의 4% 납부 | 세금계산서 발급 없음.* |
| 면세사업자 | 부가세 징수 없음. | |
| 겸업 사업자 | · 일반과세분은 10% 징수<br>· 간이과세분은 4% 납부 | 안분계산 |

* 간이과세자는 세금계산서를 발급하지 못하므로 매수자는 부가세 환급을 받을 수 없다.


## 3. 적용 사례

메디컬 건물에 대한 취득 정보가 다음과 같다. 물음에 답해보자.

> [자료]
> · 토지와 건물을 합한 가액 : 20억 원
> · 20억 원을 기준시가로 안분한 금액 : 토지가액 10억 원, 건물가액 10억 원

Q 1. 이 건물을 공급하면 부가세는 얼마인가?

이 경우 공급하는 사업자(매도자)의 유형별로 부가세액이 달라진다. 겸업 사업자의 경우 일반과세업과 면세업의 비중은 5 : 5라고 하자.

| 사업자 유형(매도자) | 양도 시 부가세 | 비고 |
|---|---|---|
| 일반과세자 | 1억 원 | 건물가액 10억 원 × 10% |
| 간이과세자 | 4,000만 원 | 건물가액 10억 원 × 업종별 부가율(40%)* × 10% |
| 면세사업자 | 0원 | |
| 겸업 사업자 | 5,000만 원 | 건물가액 10억 원 × 10% × (5/10) = 5,000만 원 |

* 간이과세자가 건물을 양도하면 '공급 대가 × 업종별 부가율(임대업은 40%) × 10%' 상당액을 부가세로 내야 한다.

Q 2. 이 건물을 취득하면 부가세를 환급받을 수 있는가?

이는 공급받는 사업자(매수자)의 유형별로 환급 여부가 달라진다. 겸업 사업자의 경우 일반과세업과 면세업의 비중은 5 : 5라고 하자.

| 사업자 유형(매수자) | 부가세 환급 | 비고 |
|---|---|---|
| 일반과세자 | 1억 원 | |
| 간이과세자 | 0원 | 불환급분은 취득원가 처리됨. |
| 면세사업자 | 0원 | |
| 겸업 사업자 | 5,000만 원 | 건물가액 10억 원 × 10% × (5/10) = 5,000만 원 |

Q 3. 취득 시 부가세를 환급받기 위한 사업자 유형은 어떻게 되는가?

취득자가 일반과세자가 되어야 한다.

## Tip 부가세 포괄양수도계약

포괄양수도계약은 매도자와 매수자의 사업자 유형에 따라 성립 여부가 달라진다. 실무에서는 반드시 세무 전문가와 함께하기를 바란다.

| 매도자 | 매수자 | 포괄양수도 성립 여부 |
|---|---|---|
| 일반과세자 | 일반과세자 | 성립 |
| | 간이과세자 | 성립(단, 간이과세자는 자동으로 일반과세자가 됨) |
| | 면세사업자 | 불성립 |
| | 겸업 사업자 | 불성립* |
| 간이과세자 | 일반과세자 | 성립 |
| | 간이과세자 | 성립 |
| | 면세사업자 | 불성립 |
| | 겸업 사업자 | 불성립 |
| 면세사업자 | 모든 사업자 | 불성립 |
| 겸업 사업자 | 일반과세자 | 성립 |
| | 간이과세자 | 성립 |
| | 면세사업자 | 불성립 |
| | 겸업 사업자 | 불성립 |

* 부동산 임대업자가 임대업에 사용하던 부동산을 과세사업과 면세사업을 겸업하는 약국 사업자에게 양도하고, 양수자는 해당 부동산을 약국 사업(과세·면세사업 겸업)에 사용하는 경우에는 사업의 양도에 해당하지 아니하는 것이다(서면 3팀-3059, 2006. 12. 7).

# 부가세 환급 여부에 따른 현금흐름 분석

메디컬 건물에 대한 취득자 명의를 정할 때 부가세 환급 여부가 상당히 중요하다. 당장 현금유출을 방지하기 위해서는 환급을 받는 것이 중요하기 때문이다. 다음에서 부가세 환급을 받을 수 있는 경우와 없는 경우의 현금흐름을 분석해보자.

## 1. 사업자의 유형과 부가세 환급 여부

공급받는 사업자(매수자)의 유형에 따른 부가세 환급 여부를 다시 한번 정리해보자.

| 사업자 유형 | 취득 시 부가세 | 비고 |
|---|---|---|
| 일반과세자 | 전액 환급 | 세금계산서 수취해야 함. |
| 간이과세자 | 환급 불가 | 불환급분은 취득원가 처리됨. |
| 면세사업자 | 환급 불가 | |
| 겸업 사업자 | 일반과세분만 환급 | 안분계산 |

☞ 부가세가 환급되는 경우에는 부가세가 자산가액에서 제외되나, 환급되지 않으면 부가세가 자산가액에 가산된다.

## 2. 적용 사례

사례를 통해 앞의 내용을 확인해보자. 다음 자료를 보고 물음에 답을 해보자.

[자료]
· 토지가액 : 5억 원
· 건물가액 : 5억 원(부가세 5,000만 원 별도)
· 중개수수료와 컨설팅비용 등 : 4,000만 원(부가세 400만 원 별도)
· 계 : 10억 9,400만 원

Q 1. 일반과세자가 이 건물을 취득하면 토지와 건물의 취득가액은 얼마인가?

일반과세자는 부가세를 전액 환급받으므로 부가세는 취득가액에 영향을 주지 않는다(단, 토지와 관련된 부가세는 환급되지 않음).

| 구분 | 토지가액 | 건물가액 | 계 |
|---|---|---|---|
| 취득가액 | 5억 원 | 5억 원 | 10억 원 |
| 건물 부가세 | – | (5,000만 원)*** | – |
| 중개수수료 등 | 2,000만 원* | 2,000만 원 | 4,000만 원 |
| 수수료 부가세 | 200만 원** | (200만 원)*** | 200만 원 |
| 계 | 5억 2,200만 원 | 5억 2,000만 원 | 10억 4,200만 원 |

\* 4,000만 원 × (5억 원/10억 원) = 2,000만 원

\*\* 중개수수료 등은 토지와 건물의 공급에 따라 발생한 것이므로 토지분 부가세는 환급을 받지 못한다.

\*\*\* 일반과세자는 건물취득과 관련된 부가세를 100% 환급받으므로 건물의 취득가액과 무관하다.

## Q 2. 면세사업자가 이 건물을 취득하면 토지와 건물의 취득가액은 얼마인가?

면세사업자는 부가세를 전액 환급받지 못하므로 부가세가 취득가액에 영향을 준다. 이때 건물에 대한 부가세는 건물 취득가액에 합산되며, 중개수수료 등의 부가세는 토지와 건물의 중개 등으로 발생한 것이므로 취득가액으로 안분한다.

| 구분 | 토지가액 | 건물가액 | 계 |
|------|----------|----------|-----|
| 취득가액 | 5억 원 | 5억 원 | 10억 원 |
| 건물 부가세 | – | 5,000만 원 | 5,000만 원 |
| 중개수수료 등 | 2,000만 원 | 2,000만 원 | 4,000만 원 |
| 수수료 부가세 | 200만 원 | 200만 원 | 400만 원 |
| 계 | 5억 2,200만 원 | 5억 7,200만 원 | 10억 9,400만 원 |

만일 중개수수료 등의 부가세를 모두 환급받으면 잘못된 업무 처리에 해당한다.

## Q 3. 과세와 면세사업을 동시에 겸업하는 사업자가 이 건물을 취득하면 토지와 건물의 취득가액은 얼마인가? 단, 이 건물은 과세업과 면세업의 비율이 5 : 5다.

진료용역이 과세와 면세로 이루어지면 다음과 같이 취득가액을 계산할 수 있다.

| 구분 | 토지가액 | 건물가액 | | | 계 |
|---|---|---|---|---|---|
| | | 과세분 | 면세분 | 계 | |
| 취득가액 | 5억 원 | 2억 5,000만 원 | 2억 5,000만 원 | 5억 원 | 10억 원 |
| 건물 부가세 | – | (2,500만 원) | 2,500만 원 | 2,500만 원 | 2,500만 원 |
| 중개수수료 등 | 2,000만 원 | 1,000만 원 | 1,000만 원 | 2,000만 원 | 4,000만 원 |
| 수수료 부가세 | 200만 원 | (100만 원) | 100만 원 | 100만 원 | 400만 원 |
| 계 | 5억 2,200만 원 | 2억 6,000만 원 | 2억 8,600만 원 | 5억 4,600만 원 | 10억 6,800만 원 |

## Q 4. 앞 사업자의 유형에 따라 취득가액을 비교해보면?

| 구분 | 토지 | 건물 | 계 |
|---|---|---|---|
| 일반과세자 | 5억 2,200만 원 | 5억 2,000만 원 | 10억 4,200만 원 |
| 면세사업자 | 5억 2,200만 원 | 5억 7,200만 원 | 10억 9,400만 원 |
| 겸업 사업자 | 5억 2,200만 원 | 5억 4,600만 원 | 10억 6,800만 원 |

이처럼 사업자의 유형에 따라 취득가액의 크기가 달라진다. 즉, 같은 건물이라도 면세사업자가 취득하면 10억 9,400만 원, 일반과세자가 취득하면 10억 4,200만 원이 된다. 따라서 현금유출 측면에서 보면 일반과세자의 취득이 유리하다.

## Tip 사업자 유형에 따른 토지와 건물의 매입 부가세 처리법

| 구분 | 토지 관련 부가세 | 건물 관련 부가세 |
|------|------------------|------------------|
| 일반과세자 | | 환급 가능 |
| 간이과세자 | 환급 불가 | 환급 대신 세금계산서수취세액공제 (매입가 × 0.5%) |
| 면세사업자 | | 환급 불가 |
| 겸업 사업자 | | · 공통 부가세 중 일반과세자분만 환급 · 공통 부가세 중 면세사업자분은 환급 불가 |

# 메디컬 건물과
# 보유세

메디컬 건물을 보유 중에는 보유세인 재산세와 종합부동산세(종부세)가 부과된다. 이 세금은 매년 6월 1일 현재 소유권이 있는 개인과 법인에 과세된다. 참고로 메디컬 건물은 영업용으로 사용되므로 이에 대한 재산세와 종부세는 중과세가 아닌 일반과세가 적용되고 있다.

## 1. 재산세와 종부세 과세구조

메디컬 건물에 대한 재산과 종부세의 과세구조는 다음과 같다.

- 재산세
  · 건물에 대한 재산세 = 과세표준 × 재산세율
  · 토지에 대한 재산세 = 과세표준 × 재산세율

> - 종부세
>   · 건물에 대한 종부세 = 없음.
>   · 토지에 대한 종부세 = 과세표준 × 종부세 세율

메디컬 건물 중 건축물과 토지에 대한 재산세 및 종부세 세율은 다음과 같다.

### ① 건축물

| 재산세 | | 종부세 |
|---|---|---|
| 골프장·고급오락장 건축물 | 4% | |
| 법 소정 공장용 건축물 | 0.5% | 해당 사항 없음. |
| 이외(건물 등) | 0.25% | |

골프장의 건축물 등은 사치성 재산에 해당하므로 높은 세율로 재산세만을 매긴다. 따라서 건물 부분에 대해서는 종부세가 부과되지 않는다.

### ② 토지(별도합산과세대상토지)

| 재산세 | | 종부세* | |
|---|---|---|---|
| 과세표준 | 세율 | 과세표준 | 세율 |
| 2억 원 이하 | 0.2% | 200억 원 이하 | 0.5% |
| 2억~10억 원 이하 | 40만 원 + 2억 원 초과금액의 0.3% | 200억~400억 원 이하 | 1억 원 + 200억 원 초과금액의 0.6% |
| 10억 원 초과 | 280만 원 + 10억 원 초과금액의 0.4% | 400억 원 초과 | 2억2,000만 원 + 400억 원을 초과한 금액의 0.7% |

* 토지의 공시지가가 80억 원을 초과 시 과세된다.

## 2. 적용 사례

K씨는 다음과 같은 메디컬 건물을 임대하려고 한다. 물음에 대한 답을 찾아보면?

> [자료]
> · 6월 1일 현재 건물 시가표준액 : 5억 원
> · 6월 1일 현재 토지 시가표준액 : 10억 원
> · 공정시장가액비율 : 70%
> · 세율 : 일반세율(건물 0.25%, 토지 40만 원 + 2억 원 초과금액의 0.3%)

Q 1. 이 건물과 토지에 대해 재산세는 얼마나 나올까?

먼저 건물의 경우 다음과 같이 재산세가 계산된다.

| 시가표준액 | 공정시장가액비율 | 과세표준 | 세율 | 산출세액 |
|---|---|---|---|---|
| 5억 원 | 70% | 3.5억 원 | 0.25% | 87만 5,000원 |

다음으로 토지의 경우 다음과 같이 재산세가 계산된다.

| 시가표준액 | 공정시장가액비율 | 과세표준 | 세율 | 산출세액 |
|---|---|---|---|---|
| 10억 원 | 70% | 7억 원 | 40만 원 + 2억 원 초과금액의 0.3% | 190만 원 |

Q 2. 사례의 경우 종부세는 나오는가?

토지의 공시지가가 80억 원에 미달하므로 종부세는 나오지 않는다.

Q 3. K씨가 부담한 재산세는 사업경비로 인정되는가?

그렇다.

# 메디컬 건물과
# 종합소득세

메디컬 건물은 본인 명의로 취득해 사업장으로 사용하거나 배우자 명의로 취득해 임대용으로 사용할 수도 있다. 이때 발생하는 수입과 비용은 모두 종합소득세로 정리된다(법인은 법인세). 다음에서는 메디컬 건물 소유자의 유형에 따라 종합소득세가 어떤 식으로 정리되는지 알아보자.

## 1. 본인의 사업장으로 사용하는 경우

사업자 본인이 메디컬 건물을 취득해 이를 사업장으로 사용하는 경우의 종합소득세 처리법을 알아보자.

### (1) 수입과 비용의 발생

메디컬 건물을 사업자가 직접 사용하므로 이와 관련해 직접적인 수입은 발생하지 않는다. 대신 다음과 같은 비용이 발생한다.

· 감가상각비

· 지급이자

· 기타 건물 관련 보험료, 재산세, 유지수선비 등

## (2) 종합소득세

메디컬 건물을 직접 사용하는 경우 앞에서 발생한 비용은 사업자의 필
요경비로 처리된다.

| 구분 | 내용 | 비고 |
|------|------|------|
| 수입 |  | 병의원의 경우 : 의료수입 |
| − 비용 | 감가상각비, 지급이자, 보험료, 수선비 등 | 세법상 한도 등이 있음. |
| = 이익 |  |  |

## 2. 임대용으로 사용하는 경우

배우자 등 가족이 메디컬 건물을 취득해 이를 임대용으로 사용하는 경
우의 종합소득세 처리법을 알아보자.

### (1) 수입과 비용의 발생

메디컬 건물을 임대용으로 사용하면 임대료 수입이 발생하는 한편 다음
과 같은 비용이 발생한다. 이러한 비용은 본인이 직접 사업장으로 사용한
경우와 같다.

· **감가상각비**

· **지급이자**

· 기타 건물 관련 보험료, 재산세, 유지수선비 등

## (2) 종합소득세

메디컬 건물을 임대한 경우 앞에서 발생한 비용은 임대사업자의 필요경비로 처리된다.

| 구분 | 내용 | 비고 |
|------|------|------|
| 수입 | 임대수입 | |
| – 비용 | 감가상각비, 지급이자, 보험료, 수선비 등 | 세법상 한도 등이 있음. |
| = 이익 | | |

☞ 명의를 배우자로 할 때는 건강보험료가 추가될 수 있으므로 이 부분도 고려해야 한다.

## 3. 적용 사례

다음과 같은 메디컬 건물이 있다. 물음에 답해보자.

[자료]
· 취득가액 : 20억 원(건물 취득가액 10억 원)
· 감가상각 기간 : 40년
· 지급이자 : 연간 1,000만 원
· 재산세 : 연간 500만 원

Q 1. 이 건물로 인해 연간 발생하는 비용은 얼마나 예상되는가?

감가상각비, 지급이자, 재산세가 이에 해당한다.

· **감가상각비 = 2,500만 원**(10억 원/40년)

· **지급이자 = 1,000만 원**\*

· **재산세 = 500만 원**

· **계 : 4,000만 원**

\* 지급이자는 세법상 한도규제가 있다. 이에 대해서는 뒤에서 살펴보겠다.


Q 2. 이 건물을 본인의 사업장으로 사용하고 있다. 본인의 의료수입이 1억 원이라면 이익은 얼마나 될까?

이익은 수입에서 비용을 차감하므로 6,000만 원이 된다.

☞ 물론 앞의 비용 외에도 사업과 관련된 비용도 인정된다.


Q 3. 이 건물을 가족이 임대용으로 사용하고 있다. 임대수입이 1억 원이라면 이익은 얼마나 될까?

이익은 수입에서 비용을 차감하므로 이 역시 6,000만 원이 된다.


Q 4. 본인의 사업장으로 사용하거나 임대하는 경우 무슨 세금으로 정산되는가?

개인들은 모두 종합소득세(법인은 법인세)로 정산된다. 이때 한 개인에게 두 가지 이상의 소득이 발생하면 이들 소득을 모두 합산해 신고해야 한다. 이에 대해서는 4장에서 살펴본다.

# 메디컬 건물과
# 양도세

메디컬 건물을 개인이 양도하면 양도세가 발생한다. 그런데 이때 명의에 따라 과세방식이 달라지는 등 몇 가지 주의해야 할 문제가 있다. 다음에서 메디컬 건물의 양도에 따른 세무상 쟁점 등을 위주로 살펴보자.

## 1. 메디컬 건물의 양도와 양도세

### (1) 본인 명의로 취득한 경우

본인 명의로 취득해 사업장으로 사용한 후 이를 양도하면 양도세를 내야 한다. 이때 주의해야 할 것은 양도가액에 권리금이 포함된다는 점이다. 한편 취득가액에서는 감가상각 누계액이 차감되나, 취득 시에 환급받지 못한 부가세액이 포함된다는 점도 알아둬야 한다.

| 구분 | 금액 | 비고 |
|---|---|---|
| 양도가액 | ××× | · 권리금 포함* <br> · 부가세 제외 |
| − 취득가액 | ××× | · 감가상각비 차감** <br> · 부가세 불공제분 포함*** |

\* 부동산을 양도하면서 받은 권리금은 양도가액에 포함한다.

\*\* 취득 후 감가상각비로 장부에 계상한 금액은 취득가액에서 차감한다.

\*\*\* 취득 당시에 부가세가 환급되지 않으면 이를 취득가액에 합산해야 한다.

## (2) 배우자 명의로 취득한 경우

배우자 명의로 취득해 이를 임대한 후에 양도하면 앞의 경우에 비해 양도가액과 취득가액이 단순화된다.

| 구분 | 금액 | 비고 |
|---|---|---|
| 양도가액 | ××× | · 부가세 제외 |
| − 취득가액 | ××× | · 감가상각비 차감 |

## ※ 메디컬 건물의 양도세 계산구조

메디컬 건물을 양도하면 이에 대해서는 양도세가 발생한다. 이의 계산구조는 다음과 같다.

| 구분 | 토지 | 건물 | 계 | 비고 |
|---|---|---|---|---|
| 양도가액 | ××× | ××× | ××× | · 권리금 포함 <br> · 부가세 제외 |
| − 취득가액 | ××× | ××× | ××× | · 감가상각비 차감 <br> · 부가세 불공제분 포함 |
| = 양도차익 | ×××* | ×××* | ××× | |

| 구분 | 토지 | 건물 | 계 | 비고 |
|---|---|---|---|---|
| − 장기보유특별공제 | ××× | ××× | ××× | 3년 보유 6%, 15년 이상 보유 30% |
| = 양도소득 금액 | ××× | ××× | ××× | |
| − 기본공제 | | | 250만 원 | 1회 공제 |
| = 과세표준 | | | ××× | |
| × 세율 | | | 6~45% | 1년 미만 50%, 1~2년 미만 40% |
| − 누진공제 | | | ××× | |
| = 산출세액 | | | ××× | |

\* 양도차손이 발생한 토지나 건물에 대해서는 장기보유특별공제를 적용하지 않는다.

☞ 실무에서 보면 양도가액 및 취득가액을 어떤 식으로 정하느냐에 따라 세후 이익이 달라지는 경우가 많다. 예를 들어 부동산을 양도하면서 받은 권리금은 양도소득으로 과세하는데, 이때 권리금에 해당하는 소득에 대해서는 장기보유특별공제를 받을 수 없다. 부동산이 아니기 때문이다. 이에 따라 부동산 양도차익과 권리금 양도차익은 어떤 기준으로 안분할 것인지 등이 쟁점이 된다.

## 2. 적용 사례

다음 자료를 보고 물음에 답해보자.

[자료]
· 양도가액 : 8억 원(토지기준시가 5억 원, 건물기준시가 1억 원)
· 취득가액 : 5억 원(토지 3억 원, 건물 2억 원)

## Q 1. 양도차익은 얼마인가?

· **양도차익**

= 양도가액 - (취득가액 + 자본적 지출 - 감가상각 누계액) - 기타필요 경비

= 8억 원 - (5억 원 + 0원 - 5,000만 원) - 0원

= 8억 원 - 4억 5,000만 원

= 3억 5,000만 원

## Q 2. 토지와 건물의 양도가액과 취득가액은 얼마인가?

| 구분 | 토지 | 건물 | 비고 |
|---|---|---|---|
| 양도가액 | 6.4억 원* | 1.6억 원 | 8억 원 |
| 취득가액 | 3억 원 | 1억 5,000만 원** | 4억 5,000만 원 |

* 8억 원 × (4억 원/5억 원)=6.4억 원

** 당초 취득가액 2억 원−감가상각 누계액 5,000만 원=1억 5,000만 원

## Q 3. 양도세는 얼마인가?

| 구분 | 토지 | 건물 | 계 | 비고 |
|---|---|---|---|---|
| 양도가액 | 6억 4,000만 원 | 1억 6,000만 원 | 8억 원 | |
| − 취득가액 (감가상각 누계액) | 3억 원 3억 원 | 2억 원 (5,000만 원) 1억 5,000만 원 | 4억 5,000만 원 | |

| 구분 | 토지 | 건물 | 계 | 비고 |
|---|---|---|---|---|
| = 양도차익 | 3억 4,000만 원 | 1,000만 원 | 3억 5,000만 원 | |
| − 장기보유특별공제* | 3,400만 원 | 100만 원 | 3,500만 원 | 5년 보유 × 2% = 10% |
| = 양도소득 금액 | 3억 600만 원 | 900만 원 | 3억 1,500만 원 | |
| − 기본공제 | | | 250만 원 | 양도한 연도에 1회 적용 |
| = 과세표준 | | | 3억 1,250만 원 | |
| × 세율 | | | 40% | 6～45% 중 40% |
| − 누진공제 | | | 2,594만 원 | |
| = 산출세액 | | | 9,906만 원 | 이외 지방소득세 가 10% 추가됨. |

* 이 공제는 양도차익이 발생한 토지와 건물에만 적용한다.

# 메디컬 건물과
# 법인세

메디컬 건물을 법인이 취득해 이를 임대한 경우의 법인을 둘러싼 세무상 쟁점들을 살펴보자. 참고로 메디컬 건물을 개인보다는 법인으로 취득하는 경우가 상당히 많은데, 법인취득이 무조건 좋은 것은 아닐 수 있음에 늘 유의해야 한다.

## 1. 개인과 법인의 세제 차이

메디컬 건물을 법인이 취득해 운영할 경우 개인(배우자)의 세제와 비교해보자.

| 구분 | 개인 명의 | 법인 명의 |
|---|---|---|
| 취득 시 | 취득세 : 4% | 4~8%(중과세) |
| 보유 시 | 재산세, 종부세(80억 원) | 좌동 |
| 임대 시 | · 소득세 : 6~45%<br>· 성실신고 : 매출 5억 원 이상 | · 법인세 : 9~24%<br>· 성실신고 : 주업이 임대업 |

| 구분 | 개인 명의 | 법인 명의 |
|---|---|---|
| 처분 시 | · 양도세 : 6~45% 등<br>· 세후 이익 : 사후관리 없음. | · 법인세 : 9~24%<br>· 세후 이익 : 내부유보(배당 재원) |
| 상속증여 시 | · 재산평가 : 감정평가(원칙)<br>· 상속증여 시 : 취득세 발생 | · 주식 평가 : 부동산 감정평가(원칙)<br>· 주식 상속증여 시 : 취득세 미발생 |
| 기타 | – | · 부동산 과다보유법인 규제<br>· 주식 이동 관련 규제 |

☞ 이에 대한 구체적인 내용은 9장을 참조하기 바란다.

## 2. 적용 사례

K법인은 메디컬 건물을 임대하는 법인(메디컬 임대법인)으로 다음과 같이 부동산을 취득했다. 물음에 답해보자.

[자료]
· 임대 부동산 소재지 : 서울 마포구
· 임대 법인 등기소재지 : 경기도 용인시
· 매입가액 : 30억 원
· 매입 시 대출금 : 10억 원
· 자본금 : 1억 원
· 주주 구성 : A 25%, B 25%, C 25%, D 25%

Q 1. 이 법인은 왜 경기도 용인시에 주소를 두고 있을까?

수도권 과밀억제권역 내에서 설립된 법인이 이 지역 내의 부동산을 취득하면 취득세 중과세(4% → 8%)가 적용될 수 있다.

따라서 사례의 K법인은 취득세 중과세를 피하고자 법인 설립장소를 용인시로 두고 있는 것으로 볼 수 있다.


Q 2. 이 법인은 자본금이 1억 원에 불과한데 어떻게 해서 30억 원짜리 부동산을 취득할 수 있었을까?

은행 등을 통한 대출금 10억 원과 기타자금은 개인으로부터 빌린 것으로 추정할 수 있다(개인으로부터 빌린 돈을 가수금이라고 한다).

☞ 개인이 법인에 무상대여한 경우 법인에 대해서는 규제가 없지만, 해당 법인의 주주에 대해서는 규제가 적용된다. 즉, 주주가 무이자 등으로 인해 1억 원 이상의 이익을 보면 이에 대해서 증여세를 부과한다.


Q 3. 이 법인은 세후 이익 2억 원이 매년 발생할 것으로 추정된다. 소득세와 법인세의 차이는 얼마나 되는가?

대략 3,806만 원 정도 예상된다. 다음 표를 참조하자.

| 구분 | 소득세 | 법인세 |
|---|---|---|
| 산출세액 | 5,606만 원 | 1,800만 원 |
| 산출근거 | 2억 원×38%−1,994만 원 | 2억 원×9% |


Q 4. 법인의 잉여금을 배당한다면 누가 받게 되는가?

주주가 지분별로 균등하게 배당받게 된다. 즉, 앞의 4명의 주주가 자신의 지분율에 따라 배당을 받을 수 있다.

## Tip 법인의 메디컬 건물 양도와 법인세

법인이 메디컬 건물을 양도하면 일반법인세만 부담하면 된다. 주택과
비사업용 토지는 일반법인세 외에 양도차익의 10~20%의 추가 법인세
를 내야 한다. 이를 정리하면 다음과 같다.

| 구분 | 일반법인세 | 추가 법인세 |
|---|---|---|
| 메디컬 건물 | 9~24% | – |
| 주택 | 9~24% | 20% |
| 비사업용 토지 | 9~24% | 10% |

# 메디컬 건물과
# 상속·증여세

여기서 상속세는 자연인의 유산에 대해 발생하는 세금을, 증여세는 생전에 재산의 무상이전에 대해 부과되는 세금을 말한다. 따라서 상속이나 증여로 건물을 이전받으면 이에 대해 상속세와 증여세가 발생할 수 있다. 물론 상속이나 증여에 따른 취득세 등도 발생할 수 있다. 다음에서는 메디컬 건물의 상속과 증여에 대한 주요 세무상 쟁점만 간략히 정리해보자.

## 1. 상속과 세무상 쟁점

메디컬 건물을 상속받으면 상속세와 취득세를 부담해야 한다.

| 구분 | 과세표준 | 세율 | 비고 |
|------|----------|------|------|
| 상속세 | 상속재산가액 – 상속공제 등 | 10~50% | |
| 취득세 | 시가표준액 | 3.16% | 상속은 시가표준액에 대해 취득세 부과 |

## 2. 증여와 세무상 쟁점

메디컬 건물의 증여와 관련해서는 다양한 쟁점이 발생한다.

### (1) 메디컬 건물의 증여 시 증여세와 취득세, 부가세

메디컬 건물을 증여받으면 증여세와 취득세를 부담해야 한다. 그리고 이외 부가세가 발생할 수 있으므로 주의해야 한다.

| 구분 | 과세표준 | 세율 | 비고 |
|---|---|---|---|
| 증여세 | 증여가액 – 증여공제 등 | 10~50% | |
| 취득세 | 시가 인정액<br>(1억 원 이하는 시가표준액) | 4.0% | 증여는 시가 인정액에 대해<br>취득세가 부과되는 것이 원칙 |
| 부가세 | 지분 100% 증여 시 | – | 포괄승계 시 부가세<br>발생하지 않음.* |
| | 지분 일부 증여 시 | – | 출자지분으로 보아 부가세<br>과세 제외** |

\* 부가, 서면 인터넷방문상담 3팀-3163, 2006.12.15

부동산 임대업을 영위하는 사업자가 임대사업에 사용하던 부동산을 증여하는 경우에는 부가세법 제6조 제1항의 규정에 따라 부가세가 과세되는 것이나, 다만, 사업장별로 그 사업에 관한 모든 권리와 의무를 포괄적으로 승계시키는 경우로서 부가령 제17조 제2항의 규정에 따른 사업의 양도에 해당하는 경우에는 재화의 공급으로 보지 아니하는 것이므로 부가세가 과세되지 아니하는 것임.

\*\* 부가, 서면 3팀-73, 2005.01.14

부동산 임대업을 영위하던 공동사업자의 한 구성원이 다른 구성원에게 당해 임대업에 공하던 부동산 중 일부(토지)를 증여해 그 출자지분이 변경된 경우 부가령 제11조 제1항 제7호의 규정에 따라 사업자등록 정정신고서에 사업자등록증과 등기등본을 첨부해 사업자등록 정정 신청 가능한 것임(즉, 일부 증여는 증여에 따른 부가세 과세대상으로 보지 않는 것으로 해석하고 있음).

### (2) 증여세 과세대상

메디컬 건물과 관련해 증여세가 발생할 수 있는 형태는 다양하다.

첫째, 취득자금을 증여받으면 자금에 대한 증여세가 발생할 수 있다.

☞ 과세관청은 자발적으로 증여세를 신고하지 않으면 자금출처조사 등을 통해 이를 확인한다.

둘째, 개인이 자금을 무상으로 차입한 경우에는 무상차입에 대한 이자를 증여금액으로 보아 증여세를 부과한다. 단, 차입금의 무상이자에 대해 증여세가 부과되려면 해당 금액이 1,000만 원을 넘어야 한다. 따라서 원금 기준 2억 원* 이하까지는 무이자가 되더라도 증여세가 발생하지 않는다.

\* '2억 원 × 4.6% = 920만 원'이 되기 때문이다.

☞ 무상차입을 위해서는 차용증을 작성해야 한다. 이에 대해서는 3장 절세 탐구 편을 참조하기 바란다.

셋째, 법인이 개인으로부터 자금을 무상차입하는 경우 해당 주주에게 증여세가 부과될 수 있다. 다만, 주주에게 증여세가 과세되기 위해서는 각 주주가 증여받은 금액이 1억 원(원금 기준 20억 원*)이 넘어야 한다.

\* '20억 원 × 4.6% = 9,200만 원'이 되기 때문이다.

☞ 개인과 법인에 대한 차입금 무상이자에 대한 증여세 과세기준이 다르다. 이에 대해서는 3장에서 비교해본다.

# 3. 적용 사례

1. K씨는 다음과 같은 건물을 보유하고 있다. 물음에 답해보자.

[자료]
· 1970년에 취득한 건물 : 취득가액 1,000만 원(환산 시 양도가액의 5% 정도 예상)
· 최근의 시가 : 100억 원(기준시가 30억 원)
· 상속이 발생한 경우 상속세 한계세율은 50% 적용됨.

Q 1. 이 건물을 양도하면 양도세는 얼마나 예상되는가?

자료를 바탕으로 양도세를 계산하면 다음과 같다.

· **양도차익**

= 양도가액 – 취득가액(양도가액 × 5% 가정)

= 100억 원 – 5억 원 = 95억 원

· **양도소득 금액**(과세표준)

= 양도차익 – 장기보유특별공제(30%)

= 95억 원 – 95억 원 × 30%

= 95억 원 – 28억 5,000만 원

= 66억 5,000만 원

· **산출세액**

= 과세표준 × 6~45%

= 66억 5,000만 원 × 45% – 6,594만 원

= 29억 2,656만 원

Q 2. 양도 후 남은 재산을 상속하면 상속세는 얼마나 나오는가?

양도가액 100억 원에서 양도세 약 30억 원을 차감하면 70억 원이 나온다. 이 중 50%가 상속세라면 이 세금은 35억 원이 된다.

[돌발퀴즈] 이 건물이 양도와 상속을 거치면 최종 얼마가 남게 되는가?

100억 원에서 양도세 30억 원과 상속세 35억 원을 차감하면 35억 원이 남는다.

☞ 건물이 양도를 거쳐 상속되면 세금이 상당히 많으므로 이런 방식을 취하기가 사실상 힘들다.

Q 3. 만일 이 건물이 상속된 경우 기준시가인 30억 원으로 신고할 수 있는가?

아니다. 시가와 기준시가의 차이가 10억 원 이상인 건물은 감정평가액으로 경정될 수 있기 때문이다.

☞ 이렇게 과도한 상속세를 방지하기 위해서는 사전에 취득자의 명의를 잘 정할 필요가 있다. 이러한 측면에서 법인으로의 취득이 중요하다.

**2. 메디컬 건물을 10억 원에 취득하고자 한다. 이에 대한 자금조달과 관련해 증여세의 문제가 있을 수 있다. 다음 물음에 답해보자.**

Q 1. 해당 자금을 본인이 조달한 경우에는 세무상 문제점은?

자력이나 은행 대출로 받은 경우라면 세무상 문제점은 거의 없다. 다만,

자력으로 조달한 자금의 원천에 대한 소명을 요구받을 수 있다.


Q 2. 해당 건물을 배우자가 취득하고자 하는 경우 세무상 문제점은?

앞의 Q 1의 물음과 같다.

☞ 건물의 취득가액이 큰 경우, 자금출처조사에 대비할 필요가 있다.


Q 3. 해당 건물을 법인이 취득하는데 이는 모두 주주 중 본인의 자금으로 조달할 예정이다(무이자 방식). 주주는 본인, 배우자, 자녀2로 구성되어 있고 각각의 지분율은 25%씩이다. 이 경우 세무상 문제점은?

본인인 주주의 돈을 투입해 법인이 취득한 결과가 되므로 다른 주주들은 무이자금액을 증여받은 것으로 볼 수 있다. 하지만 현행 상증법 제45조의 5에서는 각 주주가 증여받은 이익이 1억 원 이상이 되어야 하므로 사례는 이에 해당하지 않는다.

| 주주 구성 | 지분율 | 자금조달 | 주주별 증여이익 |
|---|---|---|---|
| 본인 | 25% | 10억 원 | – |
| 배우자 | 25% | – | 1,150만 원* |
| 자녀 1 | 25% | – | 1,150만 원 |
| 자녀 2 | 25% | – | 1,150만 원 |

* 10억 원 × 25% × 4.6% = 1,150만 원

부가세 과세사업자와 면세사업자의 구분과 이들의 납세협력 의무 등을 요약해보자. 이러한 내용을 아는 것은 메디컬 건물에 대한 세무를 이해하는 데 매우 중요한 역할을 한다.

## 1. 과세사업자

메디컬 건물을 임대하는 사업자는 부가세가 과세되는 사업자에 해당한다. 현행 세법은 과세사업자를 부가세 징수의무 여부에 따라 일반과세자와 간이과세자로 구분하고 있다.

| 구분 | 일반과세자 | 간이과세자 |
|---|---|---|
| 개념 | 연간 매출액이 4,800만 원 이상인 사업자* | 연간 매출액이 4,800만 원 미만인 사업자 |
| 사업자등록의무 | 부가세법상 의무 | 좌동 |
| 부가세 징수의무 | 공급가액의 10% | 없음. |
| 세금계산서 교부의무 | 있음. | 없음. |
| 매입 시 발생한 부가세 | 환급(공제) 가능 | 공제 불가능 |
| 부가세 납부세액 | 매출세액 − 매입세액 | 공급 대가 × 부가율(40%) × 10% − 세금계산서수취액 × 0.5% |
| 납부면제 | 없음. | 연간 4,800만 원 미만 시 납부면제 |
| 부가세 신고 | 1년/2회 | 1년/1년 |

☞ 메디컬 건물을 임대하는 경우, 대부분 일반과세자로 운영되고 있다.

## 2. 면세사업자

부가세 면세대상인 재화나 용역을 공급하는 사업자를 면세사업자라고 한다.

이들에 대한 납세협력 의무를 요약하면 다음과 같다.

| 구분 | 면세사업자 | 비고 |
|---|---|---|
| 개념 | 면세 재화나 용역을 공급*하는 사업자 | |
| 사업자등록의무 | 소법이나 법법상 등록의무 | 부가세법상 등록한 것도 인정함. |
| 부가세 징수의무 | 없음. | |
| 세금계산서 교부의무 | 없음. | 토지공급에 대한 계산서는 발급 생략 가능함. |
| 매입 시 발생한 부가세 | 환급 또는 공제 없음. | 취득원가에 가산됨. |
| 부가세 납부세액 | 없음. | |
| 납부면제 | 없음. | |
| 사업장 현황신고 | 다음 해 2/10 | 부가세 신고는 없음. |

* 면세대상에 대해서는 바로 뒤에서 살펴보겠다.

## 3. 과세와 면세 겸업 사업자

부가세가 과세 또는 면세되는 재화나 용역을 동시에 공급하는 때도 있다. 이러한 사업자에 대한 주요 납세협력 의무를 정리하면 다음과 같다. 단, 여기서 과세사업자는 일반과세자에 해당한다고 하자.

| 구분 | 일반과세자 | 면세사업자 |
|---|---|---|
| 개념 | 연간 매출액이 4,800만 원 이상인 사업자 | 면세 재화나 용역을 공급 |
| 사업자등록 | 일반과세자로 등록 | |
| 부가세 징수의무 | 공급가액의 10% | 없음. |
| 세금계산서 교부의무 | 있음. | 없음. |
| 매입 시 발생한 부가세 | 환급(공제) 가능 | 환급 또는 공제 없음. |
| 부가세 납부세액 | 매출세액－매입세액 | 없음. |
| 납부면제 | 없음. | 없음. |
| 부가세 신고 | 1년/2회 | |

* 겸업 사업자는 과세분에 대한 부가세 신고할 때 면세매출을 같이 신고한다. 따라서 순수 면세사업자처럼 별도의 사업장 현황신고를 할 필요가 없다.

## Tip 부가세 과세와 면세대상

부가세 과세대상은 사업자가 공급하는 물건이나 용역이다. 따라서 원칙적으로 사업자가 이들을 거래상대방에게 공급하면 거래금액의 10%인 부가세를 징수해야 한다. 그런데 일부 재화나 용역에 대해서는 부가세를 면제하고 있다. 거래상대방의 부담을 줄여주기 위해서다. 이를 정리하면 다음과 같다.

### 1. 원칙 : 과세

부가세법 제4조에서는 다음 각 호의 거래에 대해 부가세를 과세한다고 하고 있다.

> 1. 사업자*가 행하는 재화** 또는 용역***의 공급
> 2. 재화의 수입

\* '사업자'란 사업목적이 영리이든 비영리이든 관계없이 사업상 독립적으로 재화 또는 용역을 공급하는 자를 말한다.

\*\* '재화'란 재산 가치가 있는 물건 및 권리를 말한다. 한편 재화의 공급은 계약상 또는 법률상의 모든 원인에 따라 재화를 인도(引渡)하거나 양도(讓渡)하는 것을 말한다.

\*\*\* '용역'이란 재화 외에 재산 가치가 있는 모든 역무(役務)와 그 밖의 행위를 말한다. 한편 용역의 공급은 계약상 또는 법률상의 모든 원인에 따른 것으로서 다음 각 호의 어느 하나에 해당하는 것으로 한다.

1. 역무를 제공하는 것
2. 시설물, 권리 등 재화를 사용하게 하는 것

☞ 이는 사업자가 재화나 용역을 공급하면 원칙적으로 부가세가 과세됨을 천명하고 있는 규정에 해당한다.

## 2. 예외 : 면세

부가세법 제26조 등에서는 재화 또는 용역의 공급에 대한 부가세 면제 대상을 정하고 있다. 이의 주요 항목을 살펴보면 다음과 같다.

| 구분 | 면세대상 |
|---|---|
| 기초생활 필수품 재화 | 미가공 식료품, 주택 임대용역* 등 |
| 국민 후생 관련 용역 | 의료보건 용역(단, 쌍꺼풀 수술 등 일부는 제외)**, 국민주택 (25.7평) 공급과 당해 주택의 건설용역 등 |
| 부가가치 구성요소 | 토지의 공급***, 인적용역, 금융 및 보험 용역 |

* 주택을 주거용으로 임대하면 전용면적과 임대료 액수와 무관하게 임대료에 대한 부가세는 면제된다. 한편 주택이 아닌 일반 건물이나 토지의 임대에 대해서는 기초생활과 무관하므로 부가세가 과세된다.

** 병의원에서 진료하는 용역은 국민 후생과 관련되므로 부가세를 면제한다. 다만, 쌍꺼풀 수술 등은 국민 후생과 무관하므로 부가세가 과세된다(다음 참조).

*** 토지의 공급은 지대와 관련이 있는 부가가치 구성요소에 해당하므로 부가세가 면제된다. 메디컬 건물의 취득과 양도 시 이와 관련된 다양한 쟁점들이 발생한다.

### ※ 의료보건 용역과 부가세 과세 여부

의료보건 용역은 원칙적으로 부가세 면세대상으로 열거되어 있다. 다만, 국민의 기초생활과 관련이 없는 쌍꺼풀 수술 등의 용역은 과세대상이다. 다음 규정을 참조하기 바란다.

> 부가령 제35조 [ 면세하는 의료보건 용역의 범위 ]
> 법 제26조 제1항 제5호에 따른 의료보건 용역은 다음 각 호의 용역(의료법 또는 수의사법에 따라 의료기관 또는 동물병원을 개설한 자가 제공하는 것을 포함한다)으로 한다(2013. 6. 28 개정).

1. 의료법에 따른 의사, 치과의사, 한의사, 조산사 또는 간호사가 제공하는 용역. 다만, 국민건강보험법 제41조 제4항에 따라 요양급여의 대상에서 제외되는 다음 각 목의 진료용역은 제외한다.

　가. 쌍꺼풀 수술, 코 성형수술, 유방확대·축소술(유방암 수술에 따른 유방 재건술은 제외한다), 지방 흡인술, 주름살 제거술, 안면 윤곽술, 치아 성형(치아미백, 라미네이트와 잇몸 성형술을 말한다) 등 성형수술(성형수술로 인한 후유증 치료, 선천성 기형의 재건 수술과 종양 제거에 따른 재건 수술은 제외한다)과 악안면 교정술(치아교정치료가 선행되는 악안면 교정술은 제외한다)

　나. 색소모반·주근깨·흑색점·기미 치료술, 여드름 치료술, 제모술, 탈모 치료술, 모발 이식술, 문신술 및 문신 제거술, 피어싱, 지방 융해술, 피부 재생술, 피부 미백술, 항노화 치료술 및 모공 축소술

2. 의료법에 따른 접골사(接骨士), 침사(鍼士), 구사(灸士) 또는 안마사가 제공하는 용역

3. 의료기사 등에 관한 법률에 따른 임상병리사, 방사선사, 물리치료사, 작업치료사, 치과기공사 또는 치과위생사가 제공하는 용역

## [절세 탐구 2]
## 의료업과 임대업의 세금체계

메디컬 건물의 취득과 운영에 관련된 업종은 크게 두 가지다. 하나는 의료업이고 다른 하나는 임대업이다. 의료업의 경우 해당 건물을 본인의 사업장으로 사용하는 것을 말하며, 임대업은 의료업 사업자에게 사업장을 임대하는 것을 말한다. 다음에서는 이러한 업종의 과세체계에 대해 알아보자.

## 1. 의료업을 운영하는 경우

### (1) 사업의 주체

의료법상 의사, 치과의사, 한의사 등이 제공하는 용역은 개인과 법인이 이를 운영할 수 있다. 다만, 법인의 경우에는 영리법인이 아닌 비영리법인으로 형태로만 운영할 수 있다.

☞ 이러한 이유로 이 책에서의 법인은 영리법인을 말한다.

### (2) 부가세법상 사업자의 유형

의료법에 따른 의사 등이 제공하는 용역은 부가세법상 면세용역에 해당한다. 하지만, 쌍꺼풀 수술 등에 대해서는 부가세를 과세한다. 따라서 의료업 사업자의 유형은 다음처럼 다양하게 정해지게 된다.

· **과세 의료용역을 제공하는 경우 → 과세업**(일반과세자\*로 사업자등록)

· **면세 의료용역을 제공하는 경우 → 면세업**(면세사업자로 사업자등록)

· **과세와 면세 의료용역을 동시에 제공하는 경우 → 겸업**(일반과세자로 사업

자등록)

\* 의료업은 간이과세자가 될 수 없다.

### (3) 의료업 사업자의 메디컬 건물과 세제

의료업 사업자가 메디컬 건물을 취득 후 처분할 때까지 발생하는 세제를 정리하면 다음과 같다.

| 구분 | 일반과세자 | 면세사업자 | 겸업 사업자 |
|---|---|---|---|
| 취득 시 부가세 환급 여부 | 가능 | 불가 | 과세분만 환급(안분) |
| 취득세율 | 4.6% | 좌동 | 좌동 |
| 감가상각비 비용 처리 | 가능 | 좌동 | 좌동 |
| 지급이자 비용 처리 | 가능 | 좌동 | 좌동 |
| 처분 시 부가세 발생 여부 | 발생 | 발생하지 않음. | 과세분만 발생(안분) |
| 처분 시 양도세 발생 여부 | 발생 | 좌동 | 좌동 |

## 2. 임대업을 운영하는 경우

### (1) 사업의 주체

부동산 임대업은 개인은 물론이고 영리법인의 형태로도 운영할 수 있다.

### (2) 부가세법상 사업자의 유형

부가세법상 부동산 임대업은 과세업에 해당한다. 그런데 이때 과세사업

자는 두 가지 유형으로 나뉜다. 하나는 간이과세자, 다른 하나는 일반과세자에 해당한다. 이 책은 주로 일반과세자에게 초점을 맞춰 내용을 전개하고 있으나, 간이과세자에 대한 특징도 알아둬야 한다. 한편 법인은 간이과세를 적용할 수 없으므로 일반과세자에 해당한다.

☞ 건물 부동산 임대업의 경우 다음과 같이 과세와 면세가 결정된다.

### ① 임대용역의 공급

| 구분 | 내용 | 비고 |
|---|---|---|
| 건물분 | 과세 | 임대료 전체 과세 |
| 토지분 | | |

### ② 건물 재화의 공급

| 구분 | 내용 | 비고 |
|---|---|---|
| 건물분 | 과세 | |
| 토지분 | 면세 | 부가가치 구성요소 |

### (3) 임대업 사업자의 메디컬 건물과 세제

임대업 사업자(또는 법인)가 메디컬 건물을 취득 후 처분할 때까지 발생하는 세제를 정리하면 다음과 같다.

| 구분 | 개인 | 법인 |
|---|---|---|
| 취득 시 부가세 환급 여부 | 가능 | 좌동 |
| 취득세율 | 4.6% | 좌동 + 중과세율 |

| 구분 | 개인 | 법인 |
|---|---|---|
| 감가상각비 비용 처리 | 가능 | 좌동 |
| 지급이자 비용 처리 | 가능 | 좌동 |
| 처분 시 부가세 발생 여부 | 발생 | 좌동 |
| 처분 시 양도세 발생 여부 | 발생 | 법인세 발생 |

## Tip 메디컬 건물 운영사업자와 세금체계

| 구분 | | 의료업(면세업) | 임대업(일반과세) |
|---|---|---|---|
| 사업자등록 | | 면세사업자 | 과세사업자 |
| 취득 시 | 부가세 환급 | 불가(과세업은 가능) | 가능 |
| | 취득세 | 4.6% | · 개인 : 4.6%<br>· 법인 : 4.6~9.4% |
| 보유 시 | 재산세 | · 건물분 : 0.25%<br>· 토지분 : 0.2~0.4%(별도 합산) | 좌동 |
| 사용/임대 시 | 건물 감가상각 | · 기준내용연수 : 40년(철골)<br>· 감가상각 방법 : 정액법 | 좌동 |
| | 임차/임대 시 | 비용 | |
| 처분 시 | 건물처분소득 | 양도소득 | · 개인 : 양도소득<br>· 법인 : 법인소득 |
| | 영업권(권리금) | | |
| | 부가세 | 면세(일반과세자는 과세) | · 원칙 : 10% 징수<br>· 예외 : 징수생략(포괄양수도) |

# [절세 탐구 3]
## 사업자등록증에서 사업자 유형 체크하는 방법

사업자등록증에서 사업자 유형을 체크하는 방법을 알아보자.

■ 부가가치세법 시행규칙 [별지 제7호서식(1)](2014. 3. 14 개정)

### 사업자등록증

(일반과세자, 간이과세자, 면세사업자)*

등록번호 : ○○○-××-○○○××**

① 상호 :

② 성명 :

③ 개업 연월일 :　　　　　　　　　　　　　　　년　　월　　일

④ 생년월일 :

⑤ 사업장 소재지:

⑥ 사업의 종류 :

　　업태　　　　　　　　종목　　　　　　　　생산요소

* 사업자등록에는 일반과세자, 면세사업자 등의 사업자 유형이 표시된다. 참고로 겸업 사업자는 일반과세자로 표기된다.

** 사업자등록증상의 사업자등록번호는 일정한 기준에 따라 부여되고 있다.

```
(○○○-××-○○○××)
  1     2    3    4
```

## 1. 세무서번호

## 2. 구분 코드(개인, 법인)

|  | 코드 | 내용 |
|---|---|---|
| 개인<br>구분 | 01~79 | 개인 과세사업자는 특정 동구별 없이 순차적으로 부여 |
|  | 80 | 다단계판매원 등 |
|  | 90~99 | 개인 면세사업자는 산업 구분 없이 순차적으로 부여* |
|  | 89 | 소법 제2조 제3항에 해당하는 법인이 아닌 종교단체 |
| 법인<br>성격<br>코드 | 81, 86, 87, 88 | 영리법인의 본점 |
|  | 82 | 비영리법인의 본점 및 지점(법인격 없는 사단, 재단, 기타 단체 중 법인으로 보는 단체를 포함) |
|  | 83 | 국가, 지방자치단체, 지방자치단체조합 |
|  | 84 | 외국 법인의 본·지점 및 연락사무소 |
|  | 85 | 영리법인의 지점 |

* 면세사업자는 90번대 자리를 부여받는다.

## 3. 일련번호 코드(4자리)

과세사업자(일반과세자·간이과세자), 면세사업자, 법인사업자별로 등록 또는 지정일자순으로 사용 가능한 번호를 0001~9999로 부여한다.

## 4. 검증번호(1자리)

전산시스템에 의해 사업자등록번호의 오류 여부를 검증하기 위해 1자리의 검증번호를 부여한다.

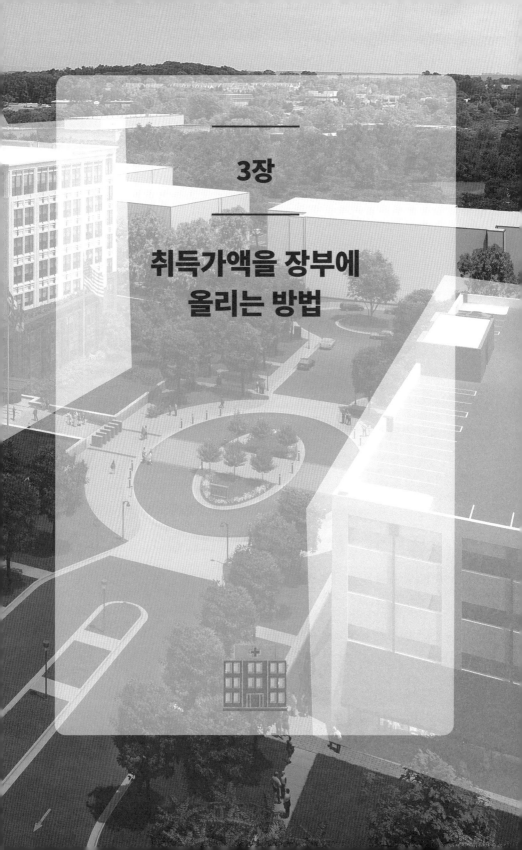

3장

취득가액을 장부에
올리는 방법

# 취득가액을 정확히
# 파악해야 하는 이유

지금부터는 메디컬 건물의 취득가액과 관련된 내용을 하나씩 살펴보자. 취득가액은 부가세, 종합소득세, 양도세 등에 영향을 주기 때문에 세법에 규정된 것에 맞춰 정확히 정리해야 한다. 먼저 메디컬 건물을 취득할 때 취득가액을 토지와 건물의 가액으로 나누어야 하는 이유부터 알아보자.

## 1. 토지와 건물의 가액을 구분해야 하는 이유

메디컬 건물을 토지와 건물의 가액으로 구분해야 하는 이유를 좀 더 세부적으로 알아보자.

첫째, 부가세와 관련이 있다.

건물을 취득할 때 토지와 건물의 가액에 따라 건물에서 발생한 부가세액이 달라지는 한편 중개수수료 등에서 발생하는 부가세의 안분금액이 달라진다.

· 건물가액을 높이면 → 부가세가 많아진다.

· 건물가액을 낮추면 → 부가세가 줄어든다.


둘째, 감가상각비와 관련이 있다.

감가상각은 마모가 되는 건물에만 적용한다. 따라서 토지와 건물가액의 크기에 따라 감가상각비가 달라진다.

· **건물가액을 높이면 → 감가상각비가 많아진다.**

· **건물가액을 낮추면 → 감가상각비가 줄어든다.**

☞ 감가상각비가 많으면 임대소득세(법인세)를 축소하나 향후 처분할 때 양도차익이 증가하므로 양도세 등이 증가하게 된다.


셋째, 양도세와 관련이 있다.

토지와 건물을 처분하면 부가세와 양도세 등이 발생한다. 이때 비용으로 처리한 감가상각비는 취득가액에서 차감되므로 결과적으로 양도세의 크기에 영향을 준다.

· **건물가액을 높여 감가상각비를 많이 처리하면 → 양도세가 많아진다.**

· **건물가액을 낮춰 감가상각비를 적게 처리하면 → 양도세가 줄어든다.**


## ※ 취득가액에 대한 각 세법의 취급

| 구분 | 내용 |
|---|---|
| 취득세 | 영향 거의 없음. |
| 부가세 | 건물가액의 10% 부가세 발생 |

| 구분 | 내용 |
|------|------|
| 종합소득세 | 건물가액에 대해 감가상각비 계상 |
| 보유세 | 영향 없음. |
| 양도세 | 건물가액은 양도세의 크기에 영향을 줌. |
| 법인세 | 건물가액에 대해 감가상각비 계상 |

## 2. 적용 사례

사례를 통해 앞의 내용을 확인해보자. 다음 자료를 보고 물음에 답해보자.

[자료]

| 구분 | 토지 | 건물 | 계 |
|------|------|------|-----|
| 기준시가 비율로 안분한 가액 | 5억 원 | 5억 원 | 10억 원 |
| 부가세 | 0원 | 5,000만 원 | 5,000만 원 |
| 계 | 5억 원 | 5억 5,000만 원 | 10억 5,000만 원 |

Q 1. 부가세는 누가 환급을 받을 수 있는가?

사업자 중 일반과세자가 환급을 받을 수 있다. 하지만 간이과세자와 면세사업자는 환급을 받을 수 없다. 참고로 이때 부가세는 다음과 같이 재무상태표에 반영한다.

· **부가세 환급을 받으면 → 취득가액에서 제외한다.**

· **부가세 환급을 받지 못하면 → 취득가액에 포함한다.**

Q 2. 면세사업자가 취득할 때 부가세를 줄이기 위해서 토지가액을 9억 원으로 올리면 어떤 효과가 발생할까?

이는 다음처럼 거래가액을 정하는 것을 말한다.

| 구분 | 토지 | 건물 | 계 |
|---|---|---|---|
| 임의로 구분한 금액 | 9억 원 | 1억 원 | 10억 원 |
| 부가세 | 0원 | 1,000만 원 | 1,000만 원 |
| 계 | 9억 원 | 1억 1,000만 원 | 10억 1,000만 원 |

그 결과 다음과 같은 효과가 발생한다.

- 불공제되는 부가세가 5,000만 원에서 1,000만 원으로 줄어든다.
- 감가 상각되는 건물가액이 5억 원에서 1억 원으로 줄어든다. 감가상각비로 처리되는 금액이 줄어들어 소득세가 늘어날 수 있다.
- 처분 시 취득가액에서 차감되는 감가상각비가 적어 양도차익이 약간 늘어나는 데 그친다.

Q 3. Q 2처럼 거래금액을 책정하면 세법상 문제는 없는가?

아니다. 이처럼 인위적으로 거래금액을 정하면 부가세, 소득세 등에서 왜곡 현상이 발생하므로 기준시가 비율로 안분한 것에 비해 30% 이상 차이가 나면 이를 인정하지 않고 기준시가 비율로 안분해야 한다.

☞ 사례의 경우 토지가액 6.5억 원, 건물가액 3.5억 원을 기준으로 가격을 책정하면 세법상 문제가 없어진다. 다음의 표로 이해해보자.

| 구분 | 토지 | 건물 | 계 |
|---|---|---|---|
| 기준시가 비율로 안분한 가액 | 5억 원 | 5억 원 | 10억 원 |
| 30% 기준 금액 | 6.5억 원 | 3.5억 원 | 10억 원 |
| 임의로 구분기재 가능한 금액 | 5억~6.5억 원 | 3.5억~5억 원 | – |

즉, 토지의 경우 기준시가로 안분한 가액이 5억 원이고 이의 130%는 6억 5,000만 원이므로 이 둘의 사이에서 토지가액을 잡아도 됨을 알 수 있다. 이렇게 토지가액을 정하면 자연스럽게 건물가액과 그에 따른 부가세를 계산할 수 있게 된다.

# 계약형태별로
# 취득가액을 파악하는 방법

메디컬 건물을 구입할 때 부가세 면세대상인 토지와 과세대상인 건물을 한꺼번에 구입하게 된다. 그런데 문제는 구축 건물의 경우 토지와 건물의 가액을 구분하지 않은 채 거래되는 경우가 많다는 것이다(이를 일괄취득이라고 한다). 이렇게 되면 세무상 쟁점이 다양하게 발생한다. 다음에서 이에 대해 알아보자.

## 1. 계약서에 토지와 건물의 가액을 구분한 경우

거래당사자가 계약서에 토지와 건물의 가액을 구분하는 때도 있다. 이 경우 세법은 어떤 식으로 취급하는지 정리해보자.

### (1) 원칙

거래딩사지가 계약서상에 토지와 건물의 가액을 구분한 경우에는 원칙적으로 이를 인정한다.


### (2) 예외

계약당사자가 임의구분한 가액이 기준시가의 비율로 안분한 가액에 30% 이상 차이가 날 때는 법령에서 정한 사유* 외에는 이를 인정하지 않고, 감정가액 또는 기준시가(아래 2)로 안분한다(부가세법 제29조).

* 이는 다음의 사유를 말한다.

1. 다른 법령에서 정하는 바에 따라 토지와 건물 등의 가액을 구분한 경우
2. 토지와 건물 등을 함께 공급받은 후 건물 등을 철거하고 토지만 사용하는 경우(건물을 취득 후 일정 기간 사용 후 철거하면 법에 따라 안분해야 한다).


## 2. 토지와 건물의 가액 구분이 불분명한 경우

토지와 건물의 가액을 구분하지 않았거나, 구분한 경우라도 기준시가로 안분한 것에 비해 30%를 벗어나 토지와 건물가액의 구분이 불분명한 상황에 해당하면 법에서 정하고 있는 방법에 따라 토지와 건물의 가액을 안분계산해야 한다(부가령 제64조).

· **감정평가액이 있는 경우 → 감정평가액**
· **감정평가액이 없는 경우 → 기준시가**

☞ 감정평가를 받으면 이를 최우선으로 적용한다. 따라서 건물에 대한 기준시가가 높아 부가세가 많이 나오는 상황에서는 적극적으로 감정평가를 해 이를 기준으로 토지와 건물의 가액을 안분하면 부가세가 줄어드는 효과를 누릴 수 있다.

## 3. 적용 사례

병의원 개원을 준비하고 있는 의사 K씨는 병의원용으로 사용하기 위해 건물을 구입하려고 한다. 물음에 답해보자.

> [자료]
> · 총공급가액 : 10억 원(부가세 별도)
> · 공급자는 부가세법상 일반과세자에 해당함.

Q 1. 이 경우 부가세는 1억 원인가?

아니다. 총공급가액 중 건물에 해당하는 가액에 대해서만 10%의 부가세가 발생하기 때문이다.

Q 2. 부가세는 어떤 식으로 알 수 있을까?

보통 정부에서 정하고 있는 토지의 공시지가와 건물의 기준시가의 비율로 안분한다. 예를 들어 토지의 공시지가가 2억 원이고 건물의 기준시가가 2억 원이라면, 총공급가액 중 5억 원은 토지, 나머지 5억 원은 건물가액이 된다. 따라서 이 경우 다음과 같이 거래가액이 결정된다.

· **토지공급가액 : 5억 원**

· **건물공급가액 : 5억 원**

· **건물에 대한 부가세 : 5,000만 원**

  계 : 10억 5,000만 원

Q 3. 만일 계약서상에 토지는 9억 원, 건물은 1억 원으로 구분 기재

하면 세법은 이를 인정할까?

아니다. 이렇게 하면 부가세가 덜 걷힐 수 있으므로 Q 2로 계산한 것에 비해 30% 이상 차이가 나면 이를 인정하지 않고 Q 2처럼 부가세를 결정한다. 따라서 임의구분을 하고 싶다면 30% 미만으로 공급가액을 결정해야 한다. 예를 들어 다음과 같이 결정하는 것을 말한다.

· 토지공급가액 : 7억 1,000만 원

· 건물공급가액 : 2억 9,000만 원

· 건물에 대한 부가세 : 2,900만 원

계 : 10억 2,900만 원

Q 4. Q 3로 부가세가 결정되었다고 하자. 이 부가세는 K씨가 환급을 받을 수 있을까?

· K씨가 일반과세자라면 → 전액 환급이 가능하다.

· K씨가 간이과세자라면 → 세금계산서 수취금액의 0.5%만큼 공제를 받을 수 있다.

· K씨가 면세사업자라면 → 전액 환급이 불가능하다.

· K씨가 겸업 사업자라면 → 과세분만 환급이 가능하다.

# 감정평가로
# 취득가액을 구분하는 방법

메디컬 건물을 취득하거나 공급할 때에는 토지와 건축물을 동시에 공급하는 경우가 다반사다. 그런데 토지의 공급은 부가세가 면세되고, 건물의 공급은 부가세가 과세되다 보니 토지와 건물의 가액 구분을 두고 과세당국과 납세자 간에 마찰이 상당히 심하다. 이때 취득가액 구분을 감정평가액으로 하면 이와 관련된 논란을 피할 수 있는데 왜 그런지 이에 대해 알아보자.

## 1. 토지와 건물의 일괄공급

토지와 건물을 동시에 공급하는 경우에 부가세 과세를 위한 공급가액은 다음과 같이 정한다.

· **원칙 : 실지거래가액**(계약서상의 구분 기재된 금액)
· **예외 : 실지거래가액이 불분명**\*한 경우에는 부가령 제64조에 따라 안

**분**(감정평가액 〉기준시가의 순).

* 기준시가로 안분한 금액과 30% 이상 차이가 나는 경우 등을 말한다.

## 2. 적용 사례

K씨는 다음과 같은 건물을 취득하려고 한다. 물음에 답해보자.

[자료]
· 총 20억 원(토지기준시가 8억 원, 건물기준시가 2억 원)

Q 1. 기준시가로 안분하면 건물취득가액은 얼마나 되는가?

20억 원의 20%(2억 원/10억 원)인 4억 원이 된다.

Q 2. 총거래가액은 얼마인가?

20억 원과 부가세 4,000만 원(4억 원×10%)을 합하면 20억 4,000만 원이
된다.

Q 3. K씨는 면세사업자에 해당한다. 이 경우 부가세 환급은 가능한
가?

그렇지 않다.

Q 4. K씨는 감정평가를 받아 토지와 건물의 가액을 구분하기를 원한
다. 토지의 감정평가액은 19억 원, 건물의 감정평가액은 1억 원이라고

하자. 이를 기준으로 부가세를 안분하면 얼마가 되는가?

건물가액 1억 원의 10%인 1,000만 원이 된다.

Q 5. 만일 Q 4처럼 감정평가를 받아서 부가세를 신고하면 세법상 문제가 없는가?

그렇다. 기준시가로 안분한 것과 비교해 30% 이상 차이가 나도 문제가 없다. 감정평가액이 모든 상황에서 우선하기 때문이다.

Q 6. 감정평가를 받아 계약한 경우 양도자에게 미치는 영향은?

양도자는 양도세를 내게 되는데 이때 양도세의 크기에 영향을 미칠 수 있다. 예를 들어 양도자의 당초 취득가액이 토지 5억 원, 건물 5억 원이라면 다음과 같은 효과가 발생한다.

| 구분 | 기준시가로 안분한 경우 | | | 감정평가로 안분한 경우 | | |
| --- | --- | --- | --- | --- | --- | --- |
| | 토지 | 건물 | 계 | 토지 | 건물 | 계 |
| 양도가액 | 16억 원 | 4억 원 | 20억 원 | 19억 원 | 1억 원 | 20억 원 |
| − 취득가액 | 5억 원 | 5억 원 | 10억 원 | 5억 원 | 5억 원 | 10억 원 |
| = 양도차익 | 11억 원 | − 1억 원* | 10억 원 | 14억 원 | − 4억 원* | 10억 원 |
| − 장기보유 특별공제(30%) | 3.3억 원 | − | 3.3억 원 | 4.2억 원 | − | 4.2억 원 |
| = 소득금액 | − | − | 6.7억 원 | − | − | 5.8억 원 |

* 양도차손이 발생한 경우에는 장기보유특별공제를 적용하지 않는다.

양도자의 관점에서는 감정평가를 받아 계약서를 작성하면 건물가액을 낮출 수 있고, 그 결과 토지의 양도차익이 늘어나서 장기보유특별공제의 혜택이 늘어나는 결과가 발생한다. 이러한 관점에서 본다면 건물가액을 최대한 낮추는 전략도 절세의 방안이 될 수 있다.

※ 일괄취득(공급) 시 감정평가 활용법

· 감정평가를 받아 토지와 건물의 가액을 구분하는 경우에는 실지거래
가액으로 인정한다.

· 감정평가액으로 구분한 금액이 기준시가로 안분한 금액보다 차이가
나더라도 이를 실지거래가액으로 인정한다.

· 감정평가는 세법에서 정하는 방법에 따라 이루어져야 한다.

| 구분 | | 부가세 | 소득세(법인세) | 양도세 | 상증세 |
|---|---|---|---|---|---|
| 감정평가 시기 | | 공급 시기 전후 과세기간 | 시기 없음. | 취득양도 시기 전후 3개월 | 평가 기준일 전후 6개월(증여는 후 3개월) |
| 감정 평가 개수 | 원칙 | 1개 | 1개 | 2개(기준시가가 10억 원을 초과한 경우) | |
| | 예외 | – | – | 1개(기준시가가 10억 원 이하인 경우) | |

# 메디컬 건물의
# 취득 관련 부대비용 처리법

건물취득과 관련해 발생한 부대비용은 원칙적으로 건물의 취득가액을 형성하고 이후 임대소득세 계산 시 감가상각 등을 통해 일부 비용 처리가 되며, 향후 건물을 양도 시 양도가액에서 차감이 된다. 다음에서 이에 대해 정리해보자.

## 1. 부대비용과 취득가액

부동산을 취득하면 취득가액 외에 다양한 부대비용들이 발생한다. 이에 대해 어떤 식으로 장부처리를 하는지 정리해보자.

### (1) 부대비용의 종류

취득가액에 포함되는 부대비용에는 다음과 같은 것들이 있다.

· **중개수수료**

· 등기수수료

· 컨설팅수수료 등

· 국민주택채권 할인료

· 취득세 등

## (2) 취득가액의 구분

앞의 부대비용은 취득가액에 포함되므로 앞에서 살펴본 토지와 건물가액의 구분기준에 맞춰 이를 안분해야 한다.

## (3) 부가세 처리

부대비용 중 중개수수료 등에 대해서는 부가세가 발생한다. 따라서 앞의 구분기준에 따라 안분된 금액 중 건물과 관련된 부가세에 대해 환급 여부를 검토한다.

☞ 지급이자 중 건설자금이자에 대해서는 다음 절에서 살펴본다. 당기비용은 4장에서 살펴본다.

## 2. 적용 사례

사례를 통해 이에 대해 알아보자. 서울 영등포구에 사는 K씨는 건물을 다음과 같이 취득했다. 물음에 답해보자.

[자료]
① 취득가액 : 4억 원(토지 2억 원, 건물 2억 원)

② 취득세 등 : 1,800만 원
③ 채권할인비용 : 500만 원
④ 등기수수료 : 200만 원
⑤ 중개수수료 : 500만 원
⑥ 수선비 : 1,000만 원

Q 1. 세법상 취득원가는 얼마인가? 단, 부가세는 고려하지 않는다.

취득원가란 매입가에 취득세, 기타 부대비용을 가산한 금액을 말한다. 따라서 앞의 ①부터 ⑥까지의 항목 중 ①~⑤까지의 항목을 취득원가로 할 수 있다. 수선비는 취득이 완료(잔금청산이나 소유권이전 등기 후)된 후에 발생한 비용이므로 당기 비용으로 처리한다.

Q 2. 이 결과를 재무상태표에 표시하면?

| 유형자산<br>토지 2억 1,500만 원<br>건물 2억 1,500만 원 | 부채 |
| --- | --- |
| | 자본 |

원래 건물 취득가액은 총 4억 원이나 이를 토지와 건물로 구분하면 각각 2억 원이 된다(자료 가정). 그리고 3,000만 원의 부대비용도 이를 기준으로 안분계산한다.

Q 3. 이 건물에 대한 감가상각 연수가 30년이라고 한다면 연간 비용으로 처리할 수 있는 금액은?

감가상각 연수가 30년이라면 다음과 같이 감가상각을 할 수 있다. 감가
상각은 사업자가 선택해 실시할 수 있다.

· 건물취득가액 2억 1,500만 원 ÷ 감가상각 연수 30년 = 7,166,666원
· 5년간 감가상각 시 : 7,166,666원 × 5년 = 35,833,333원

Q 4. 이 건물을 5년 후 5억 원에 양도하는 경우 양도차익은 얼마인
가? 양도 시에 중개수수료가 500만 원 발생했다고 하자. 단, 사례에서
는 양도차익을 토지와 건물로 구분하지 않는다.

양도차익은 양도가액에서 취득가액과 기타필요경비를 차감해서 계산한
다.

| 구분 | 금액 | 비고 |
| --- | --- | --- |
| 양도가액 | 500,000,000원 | 가정 |
| – 취득가액 | 394,166,667원 | 토지취득가액 + 건물취득가액(감가상각비 제외) = 2억 1,500만 원 + (2억 1,500만 원 - 35,833,333원) = 394,166,667원 |
| – 기타필요경비 | 5,000,000원 | 양도 시 중개수수료 |
| = 양도차익 | 100,833,333원 | |

임대소득세 신고에 반영된 감가상각비는 양도세 신고 때는 제외된다.
따라서 건물에 대한 감가상각비를 계상해 임대소득세를 신고할 것인지,
아니면 이를 계상하지 않고 추후 양도 시 양도세에서 공제할 것인지에 대
해서는 별도의 의사결정이 필요하다(5장 참조).

# 건설자금이자
# 처리법

건설자금이자는 건물의 매입이나 신축 전까지 발생한 이자를 말한다. 이러한 이자는 당기의 비용이 아닌 취득원가에 포함되는 것이 원칙이다. 다만, 건설자금이자에 대한 개념이 생소하고 이를 제대로 계산하기가 쉽지 않아 세목별로 이에 대한 처리방법을 달리 정하고 있다. 다음에서 이에 대해 정리해보자.

## 1. 세목별 건설자금이자 처리법

메디컬 건물과 관련해 발생하는 건설자금이자에 대해 각 세목은 어떤 식으로 취급하는지 알아보자.

### (1) 건설자금이자에 대한 세목별 취급

메디컬 건물에 대한 취득이 완료되기 전까지 발생한 이자는 취득에 든 비용이므로 취득원가에 포함하는 것이 원칙이다. 다만, 세목별로 조세 행정상 취득원가에 포함되지 않는 예도 있으니 이를 잘 가릴 필요가 있다.

| 구분 | 개인 | 법인 |
|---|---|---|
| 취득세 취득가액 | 건설자금이자 불포함 | 건설자금이자 포함 |
| 부가세 공급가액 | 건설자금이자와 무관 | 좌동 |
| 종합소득세(법인세) 취득가액 | 건설자금이자는 취득가액에 가산(소법 제33조 제1항 제10호) | 좌동(법법 제28조 제1항 제3호) |
| 양도세 필요경비 | 건설자금이자는 양도세 필요경비와 무관 | – |

취득세의 경우 법인이 취득하면 건설자금이자를 취득가액에 포함하나 개인은 그렇지 않다. 한편, 종합소득세와 법인세에서는 건설자금이자를 취득가액에 포함하는 것으로 하고 있으나, 양도세의 필요경비에서는 건설자금이자를 제외하도록 하고 있다.

### (2) 건설자금이자에 대한 종합소득세와 양도세의 관계

앞에서 보면 종합소득세와 양도세에서 건설자금이자를 대하는 태도에서 차이가 있다. 이는 다음과 같은 이유가 있기 때문이다.

· **종합소득세 : 기업회계기준에 따라 취득가액을 장부에 반영한다.**

· **양도세 : 소법에 따라 양도가액과 취득가액**(기타필요경비 포함)**을 별도로 확인해서 신고해야 한다.**

☞ 이처럼 장부상의 취득가액은 종합소득세 신고 시에만 필요하며, 양도세는 매매계약서 등으로 양도가액과 취득가액 등을 입증해야 한다. 즉, 장부상의 취득가액으로 양도세를 신고하는 것은 아니다.

※ 메디컬 건물에 대한 세목별 필요경비 처리법

| 구분 | 임대소득세 | 양도세 | 법인세 |
|---|---|---|---|
| 건물취득 관련 | · 취득원가<br>· 감가상각비<br>· 지급이자 | · 취득원가<br>· 감가상각비 차감 | 임대소득세와 같음. |
| 기타<br>일반관리비<br>관련 | · 직원 인건비<br>· 복리후생비<br>· 접대비<br>· 차량비<br>· 기타 소모품비 등 | – | 임대소득세와 유사함<br>(단, 법인은 대표이사<br>인건비도 인정). |
| 입증 | 장부, 영수증 등 | 매매계약서, 영수증 등 | 장부, 영수증 등 |

## 2. 적용 사례

K씨는 다음과 같은 건물을 취득하려고 한다. 물음에 답해보자.

[자료]
· 취득가액 : 10억 원
· 계약금 : 1억 원(본인 자금)
· 잔금 : 9억 원(은행 대출 5억 원, 부모차입 4억 원)

Q 1. 취득세는 얼마나 예상되는가?

10억 원의 4.6%인 4,600만 원이 예상된다.

Q 2. 장부상 취득가액은 얼마인가?

10억 원이다. 건설자금이자는 발생하지 않았다.

Q 3. 취득이 완료된 이후에 발생한 지급이자에 대해서는 어떤 식으

로 비용 처리를 하는가?

원칙적으로 당기의 비용으로 처리한다. 다만, 업무와 관련 없는 지급이 자에 대해서는 필요경비에 산입하지 않는다. 이에 대한 자세한 내용은 4장에서 살펴본다.


Q 4. 향후 이 건물을 15억 원에 양도하면 그동안 납부한 이자는 양도세에서 차감되는가?

취득 후 발생한 이자는 사업자의 수입에서 차감되므로 양도세 계산과는 무관하다.

메디컬 건물에 대한 다양한 세무상 쟁점을 파악하고 능동적인 의사결정을 하기 위해서는 메디컬 건물이 재무제표에 어떤 식으로 정리되는지를 이해할 필요가 있다.

## 1. 재무제표

재무제표란 개인사업자나 법인의 재무와 관련해 일정한 절차에 따라 작성하는 여러 가지 표에 해당한다. 이에는 재무상태표, 손익계산서, 현금흐름표 등이 있다. 이중 메디컬 건물의 세무 등과 관련해서는 앞의 두 가지 표가 중요하다.

### (1) 재무상태표

재무상태표는 일정 시점 현재 기업의 자산, 부채, 자본의 상태를 보여주는 표를 말한다. 이의 구조는 다음과 같다.

| 자산<br>Ⅰ. 유동자산<br>　1. 당좌자산<br>　2. 재고자산<br><br>Ⅱ. 비유동자산<br>　1. 투자자산<br>　2. 유형자산*<br>　　토지<br>　　건물<br>　　(감가상각 누계액)<br>　3. 무형자산<br>　　영업권 | 부채 |
|---|---|
| | 자본<br>Ⅰ. 자본금<br>Ⅱ. 이익잉여금 |
| 자산 계 | 부채와 자본 계 |

\* 사업에 직접 사용하거나 임대하고 있는 자산을 말한다.

## (2) 손익계산서

손익계산서는 일정 기간(보통 1월 1일~12월 31일, 1년)에 발생한 수익과 비용 그리고 당기순이익을 기록한 표를 말한다.

| 구분 | 금액 | 비고 |
|---|---|---|
| 매출액 | | |
| − 매출원가 | | |
| = 매출총이익 | | |
| − 판매관리비<br>　직원 급여<br>　감가상각비<br>　기타비용 | | |
| = 영업이익 | | |
| + 영업외수익<br>　유형 자산처분이익 | | |

| 구분 | 금액 | 비고 |
|---|---|---|
| − 영업외비용<br>　유형 자산처분손실<br>　지급이자 | | |
| = 당기순이익* | | |

* 이를 기반으로 소득세(또는 법인세)가 부과된다.


## 2. 메디컬 건물과 재무제표

메디컬 건물이 재무제표에 어떤 연관 관계를 맺고 있는지 우선 표로 정리하면 다음과 같다.

| 구분 | | ① 취득 | ② 보유 | ③ 처분 |
|---|---|---|---|---|
| 재무상태표 | 자산 | ·유형자산<br>　토지<br>　건물 | ·유형자산<br>　토지<br>　건물<br>　(감가상각 누계액) | − |
| | 부채 | | | |
| | 자본 | | | 잉여금(또는 결손금) |
| 손익계산서 | 매출 | | | − |
| | 비용 | | | − |
| | 당기순이익 | | | 처분 손익 |


### (1) 취득 시 재무제표 관련 세무상 쟁점

① 재무상태표 관련

메디컬 건물을 취득하면 우선 재무상태표에 토지와 건물로 구분해 기록한다. 이때 쟁점은 다음과 같다.

· **토지와 건물의 가액은 어떻게 구분할 것인가?**

· **부가세 환급분과 불환급분은 어떻게 처리할 것인가?**

· **기타 취득 관련 부대비용은 어떻게 구분할 것인가?**

② 손익계산서 관련

메디컬 건물의 취득 시에는 손익계산서에 영향을 주는 것은 없다.

**(2) 보유 시 재무제표 관련 쟁점**

① 재무상태표 관련

메디컬 건물을 보유하면 건물의 사용분에 대해 감가상각비를 비용으로 처리하게 된다. 이렇게 되면 비용으로 처리된 금액만큼 장부상의 가액이 줄어들게 된다. 감가상각과 관련해서 다음과 같은 쟁점이 발생한다.

· **당장 감가상각을 할 것인가, 나중에 할 것인가?**

· **감가상각하는 경우 감가상각비를 어떻게 계산할 것인가?**

· **리모델링 비나 수선비를 지출할 경우 어떤 식으로 회계 처리를 할 것인가?**

· **보유세는 얼마나 나올 것인가?**

② 손익계산서 관련

건물에 대한 감가상각비를 처리하면 해당 금액은 사업자나 법인의 비용으로 처리된다. 비용 처리가 되면 당기순이익이 줄어들게 된다.

## (3) 처분 시 재무제표 관련 쟁점

### ① 재무상태표 관련

메디컬 건물을 양도하면 유형자산의 잔존가액이 장부에서 제거되며, 처분으로 인한 세후 소득이 재무제표상 자본에 계상된다.

### ② 손익계산서 관련

메디컬 건물의 처분에 따른 손익은 손익계산서에 반영되며, 이를 기초로 양도세(법인은 법인세)가 부과된다.

# [절세 탐구 2]
# 메디컬 건물과 재무상태표 계정분류

메디컬 건물이 재무상태표에 구체적으로 어떤 식으로 표시되는지 알아보자. 이러한 내용을 이해하면 메디컬 건물에 대한 세무 처리도 쉽게 이해할 수 있다.

## 1. 메디컬 건물에 대한 재무상태표 표시방법

메디컬 건물을 취득하면 우선 재무상태표 중의 자산에 기록된다. 그런데 실무에서 보면 자산은 다음처럼 분화된다.

### (1) 자산

| 대분류 | 중분류 | 세분류 | 세세 분류 | 금액 |
|--------|--------|--------|-----------|------|
| 자산 | 유동자산 | 당좌자산 등 | 현금 등 | ××× |
| | 비유동자산 | 투자자산 | 유가증권 등 | ××× |
| | | 유형자산 | 토지 | ××× |
| | | | 건물<br>(감가상각 누계액) | ×××<br>(×××) ××× |
| | | 무형자산 | 영업권<br>(감가상각 누계액) | ×××<br>(×××) ××× |

## (2) 용어 설명

### ① 자산

쉽게 말하면 현재의 가지고 있는 유형의 재산이나 무형의 재산을 팔아서 돈을 받을 수 있는 재산을 한다.

### ② 비유동자산

보통 결산일인 12월 31일로부터 1년 이내에 현금화가 가능한 자산은 유동자산으로 하고, 그 후에 현금화가 가능한 자산을 비유동자산으로 한다.

### ③ 유형자산

장기간 영업활동에 사용하기 위해 취득한 토지와 건물, 비품, 차량 운반구 등을 말한다.

### ④ 토지와 건물, 감가상각 누계액

토지와 건물은 유형자산의 한 항목에 해당한다. 한편 감가상각 누계액은 건물의 취득 시부터 처분할 때까지 감가상각비의 총액을 말한다.

### ※ 장부가액

취득가액 - 감가상각 누계액 = 장부가액

## 2. 적용 사례

사례를 통해 앞의 내용을 이해해보자. K씨는 병의원 임대용으로 다음과 같은 건물을 취득하고자 한다. 다음 자료를 보고 물음에 답해보자.

[자료]
· 총매입가 : 10억 원
· 부가세 별도
· 기타 사항은 무시하기로 함.

Q 1. 이 건물은 임대용에 해당한다. 재무상태표에는 어떤 자산에 속하는가?

영업 목적으로 취득한 것으로 자산 중 유형자산에 속한다.

[돌발퀴즈] 만일 이 건물을 단기 투자 목적으로 취득하면 유형자산에 속하는가?

아니다. 이 경우에는 투자 자산으로 분류해야 한다.

Q 2. 이 매입가는 토지와 건물의 가액이 모두 합해져 있다. 이 경우 계정과목은 어떻게 계상해야 하는가?

토지와 건물의 가액으로 나눠야 한다. 회계와 세무의 관점에서 별도로 관리를 해야 하기 때문이다. 예를 들어 매입 부가세의 경우 건물에 대해서는 환급이나 공제할 수 있으나 토지는 그렇지 않다. 한편 감가상각비는 건물에 대해서만 비용으로 계상할 수 있다.

| 구분 | 토지 | 건물 |
|---|---|---|
| 매입 부가세 공제 | 불공제 | 공제 |
| 감가상각비 계상 | – | 가능 |

Q 3. 부가세는 어디에 부과될까?

토지와 건물 중 건물에만 부과된다. 물론 매도자가 면세사업자나 간이과세자인 경우, 거래당사자가 모두 일반과세자인 상태에서 포괄양수도계약으로 거래하면 부가세가 별도로 발생하지 않는다.

Q 4. 사례의 K씨는 일반과세자에 해당한다. 이 경우 부가세는 환급을 받을 수 있다. 그렇다면 부가세는 유형자산에 계상되는가?

아니다. 부가세는 냈다가 다시 돌려받으므로 유형자산의 취득과 관련이 없다.

☞ 만일 환급을 받지 못한 경우에는 건물의 취득가액에 포함된다.

Q 5. 이 토지와 건물의 취득가액은 각각 5억 원이라고 하자. 이 경우 자산은 어떤 식으로 표시될까?

| 대분류 | 중분류 | 세분류 | 세세 분류 | 금액 |
|---|---|---|---|---|
| 자산 | 유동자산 | | | |
| | 비유동자산 | 유형자산 | 토지 | 5억 원 |
| | | | 건물<br>(감가상각 누계액) | 5억 원<br>(0원) 5억 원 |

Q 6. 사례에서 건물에 대한 감가상각비를 40년간 균등하게 장부에 계상했다. 이 경우 재무상태표는 어떤 식으로 변하게 될까?

| 구분 | 당초 | 감가상각 후 |
|---|---|---|
| 토지 | 5억 원 | 5억 원 |
| 건물<br>(감가상각 누계액) | 5억 원<br>(0원) 5억 원 | 5억 원<br>(1,250만 원) 4억 8,750만 원 |

Q 7. 만일 이를 10억 원에 처분하면 재무제표는 어떤 식으로 변하는가?

자산에 계상된 토지와 건물의 장부가액 9억 8,750만 원이 제거되며 현금 10억 원이 자산으로 유입되는 한편, 처분이익 1,250만 원은 손익계산서에 반영된다.

| 재무상태표 | | 손익계산서 |
|---|---|---|
| 현금 10억 원 | 부채 | 수익 : 1,250만 원 |
| | 자본 | |

## [절세 탐구 3]
## 메디컬 건물의 취득자금과 재무제표 표시방법

메디컬 건물의 취득자금은 자기 자금과 타인자금으로 구성된다. 다음에서 취득자금과 관련된 재무제표 표시방법 등을 사례를 통해 알아보자.

[자료]
· 취득가액 : 10억 원
· 자기 자금 : 2억 원
· 은행 대출 : 3억 원
· 개인차입금 : 5억 원

Q 1. 재무상태표 표시는?

| 자산<br>유형자산 10억 원 | 부채<br>은행 대출 3억 원<br>개인차입금 5억 원 |
|---|---|
| | 자본<br>자본금 2억 원 |

Q 2. 개인차입금 5억 원에 대해 사업자나 법인이 이자를 지급하지 않으면 그들에게는 어떤 문제가 발생하는가?

차입한 사업자나 법인이 이에 대한 이자를 지급하지 않아도 세법상 문제가 없다. 이자를 지급하지 않으면 사업소득이나 법인소득이 증가해 소득세와 법인세가 증가하기 때문이다.

차입자가 개인이면 무이자금액이 1,000만 원을 넘어가면, 차입자가 법인이라면 주주의 무이자금액이 1억 원을 넘어갈 때 증여세 과세문제가 발생한다.

※ 개인과 법인의 자금 무상대여와 증여세 과세 여부

| 구분 | 개인이 무상으로 대여받은 경우 | 법인이 무상으로 대여받은 경우 |
|---|---|---|
| 상증법 | 제41조의 4 | 제45조의 5 |
| 개념 | 특수관계인으로부터 금전을 무상으로 대여받은 경우 증여세 과세 | 특정 법인(30%) 지배주주의 특수관계인으로부터 자금을 무상으로 대여받은 경우 증여세 과세 |
| 증여세 과세대상 | 무상으로 대여받은 개인 | 특정 법인 지배주주 등(지분율) |
| 증여 시기 | 각각 금전 대출을 받은 날* | 특정 법인과 거래한 날 |
| 증여가액 | · 무상대출 : 대출금액 × 4.6%<br>· 저리 대출 : 대출금액 × 4.6% - 지급이자 | 좌동(좌 준용) |
| 증여가액 제외 | 무상대여 이자가 1,000만 원<br>(원금 기준 약 2억 원)에 미달 시** | 주주별 증여이익이 1억 원<br>(원금 기준 약 20억 원)에 미달 시** |
| 비고 | 그 증여일부터 소급해 1년 이내에 동일한 거래 등이 있는 경우에는 각각의 거래 등에 따른 이익을 해당 이익별로 합산해 계산함(상증법 제43조 제2항).* | |

* 대출 기간이 없는 경우 1년 기준으로, 대출 기간이 1년 이상이면 매년 새로 대출받은 것으로 보아 증여가액을 계산한다.

** 개인이나 법인이 무상으로 자금을 대여받으면 1년간의 증여이익을 합산해 과세기준인 1,000만 원, 1억 원 이상이면 증여세가 과세된다. 하지만 이 금액에 미달하면 해당 이익은 소멸한다. 따라서 개인이나 법인의 주주에게 증여세가 부과되지 않기 위해서는 증여일로부터 1년 동안 증여이익이 1,000만 원, 1억 원에 미달하게 나오도록 관리해야 한다(저자의 카페로 문의).

## Tip 차용증 작성법

개인이나 법인이 개인으로부터 자금을 차입한 경우에는 차용증을 작성해두는 것이 안전하다. 다음의 내용을 참고하자. 이에 대한 자세한 내용은 저자의 《상속·증여 세무 가이드북》 등을 참조하기 바란다.

· 차용증 서식은 별도 없다.
· 차용증 작성 시 차용한 금액, 이자율*, 구체적인 상환방법 등을 기재한다.

* 이자율은 0~4.6%의 사이에서 결정하면 된다.

· 차용증에 맞춰 계좌이체 등을 하도록 한다.*

* 차용증에서 나온 대로 자금 이체 등이 되지 않으면 추가 증여세 등의 문제가 있을 수 있다.

· 이자를 지급하는 경우, 지급액의 27.5% 상당액을 원천징수하고 소득자는 금융소득이 2,000만 원 초과 시 종합과세로 신고해야 한다.
· 차용증은 굳이 공증을 받을 필요는 없다.
· 차용증이 없는 경우라도 무조건 차입금액이 부인당하는 것은 아니다.

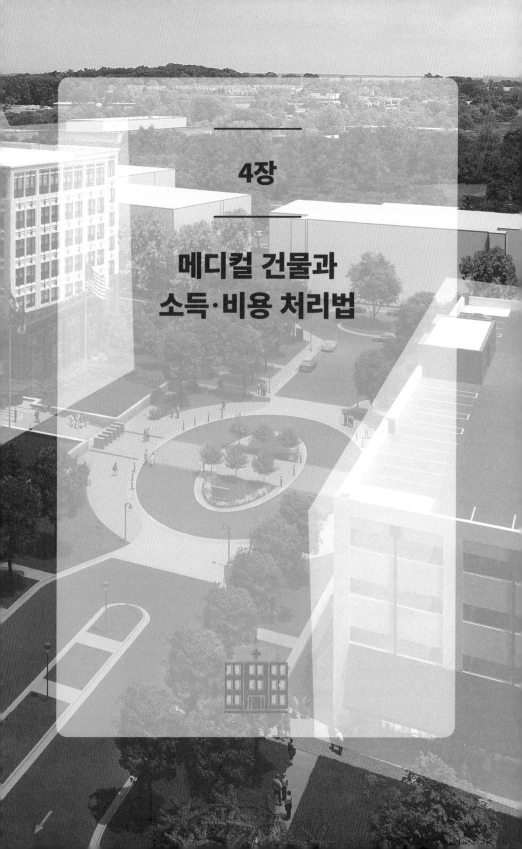

4장

# 메디컬 건물과
# 소득·비용 처리법

# 개인사업자의
# 종합소득세 계산구조

메디컬 건물을 개인이 사업에 사용하는 경우에는 다음 해 5월이나 6월 중에 종합소득세를 신고 및 납부하게 된다. 다음에서는 본인이 메디컬 건물을 구입해 사용하거나 배우자 등 가족이 취득해 임대한 경우를 포함해 이에 대한 종합소득세를 어떤 식으로 다룰 것인지 등에 대해 알아보자.

## 1. 종합소득세 신고방법

### (1) 종합소득이란?

종합소득이란 개인이 1년간 일상적으로 벌어들인 7가지의 소득 중 다음의 소득을 합산한 것을 말한다.

| 구분 | 종합소득 합산 여부 | 비고 |
|---|---|---|
| 이자소득 | 금융소득의 합계액이 2,000만 원 초과 시 합산 | 2,000만 원 미달 시 분리과세* |
| 배당소득 | | |
| 근로소득 | 무조건 합산 | |
| 사업소득** | 무조건 합산 | |
| 연금소득 | 공적연금은 무조건 합산, 사적연금은 연간 1,500만 원 초과 수령 시 합산 | 사적연금 1,500만 원 초과 시 15% 분리과세 선택 가능함. |
| 기타소득 | 기타소득 금액(수입−경비) 300만 원 초과 시 합산 | |

\* 지급자가 원천징수함으로써 납세의무가 종결되는 것을 말한다.

\*\* 부동산 임대소득도 사업소득에 포함된다.

## (2) 종합소득세 계산구조

다음과 같은 계산구조에 따라 종합소득세를 계산하게 된다.

| 종합소득세 계산구조 | | 절세포인트 |
|---|---|---|
| 종합소득금액 | (이자 + 배당 + 근로 + 사업 + 연금 + 기타소득) | 소득금액*을 줄인다. |
| | △ 종합소득공제 | 공제를 많이 받는다. |
| 과세표준 | | |
| | × 세율(6~45%) | 적정 세율을 유지한다. |
| 산출세액 | | |
| | △ 세액공제 △ 세액감면 | 세액공제 등을 많이 받는다. |
| 결정세액 | | |
| | (+) 가산세 | 가산세를 내지 않는다. |
| 총결정세액 | | |
| | △ 기납부세액 ① 중간예납세액 ② 원천징수세액 등 | * 소득금액은 수입에서 필요경비를 차감한 금액을 말한다. |
| 납부할 세액 | | |

### (3) 종합소득세 신고기한 등

| 구분 | 신고기한 | 비고 |
|---|---|---|
| 일반사업자 | 다음 해 5월 말 | |
| 성실신고사업자 | 다음 해 6월 말 | 당해 매출액이 일정 이상인 사업자* |

* 당해 연도의 업종별 매출액이 다음 금액 이상이면 성실신고제도가 적용된다.
· 제조업 등 : 15억 원, 음식점업 등 : 7.5억 원, 부동산 임대업·의료업 등 : 5억 원

## 2. 적용 사례

K씨의 20×5년 소득에 대한 정보는 다음과 같다. 이를 참고해서 다음 물음에 답해보자.

[자료]
· 이자소득 : 1,500만 원
· 사업소득 : 매출 6억 원, 비용 4억 1,000만 원(가사비용 1,000만 원 포함됨)
· 기타소득 : 강의료 500만 원

Q 1. 이자소득은 종합과세가 되는가?

아니다. 배당소득과 합산한 금액이 2,000만 원 이하이면 분리과세를 적용하기 때문이다. 분리과세란 지급자가 원천징수(배당소득은 14%)함으로써 납세의무가 종결되는 것을 말한다.

## Q 2. 사업소득 금액은 얼마인가?

세법상 사업소득이란 비용을 차감하기 전의 매출(수입)을 말하며, 사업소득 금액은 총수입금액에서 필요경비를 차감한 금액을 말한다. 이때 필요경비는 세법상 인정되는 경비를 말한다. 따라서 사례의 사업소득 금액은 다음과 같이 계산된다.

· **사업소득 금액**

**= 총수입 - 필요경비**

**= 6억 원 - (4억 1,000만 원 - 1,000만 원)**

**= 2억 원**

## Q 3. 기타소득은 종합과세가 되는가?

기타소득은 수입에서 필요경비를 제외한 금액이 300만 원 초과해야 종합과세가 된다. 강의료의 경우 필요경비를 지급금액의 60%만큼 인정해준다. 따라서 사례의 경우 기타소득 금액이 200만 원(500만 원 - 500만 원 × 60%)이므로 종합과세를 적용하지 않는다.*

* 단, 본인의 선택에 따라 종합과세를 적용받을 수 있다. 기타소득만 있는 경우 환급을 받을 수 있도록 하기 위해서다.

## Q 4. 사례의 경우 종합소득공제가 1,000만 원이라면 산출세액은 얼마나 되는가?

사업소득 금액 2억 원에서 1,000만 원을 차감한 1억 9,000만 원이 과세표준이 되고 이에 38%의 세율과 1,994만 원의 누진공제를 차감하면 산출세액은 5,226만 원이 나온다.

# 사업소득 금액의
# 계산법

메디컬 건물을 개인이 소유한 경우 그에 대한 소득은 모두 사업소득에 해당한다. 따라서 무조건 종합소득세로 신고를 해야 한다. 만일 해당 사업자에게 앞에서 본 이자나 근로소득, 다른 사업소득, 기타소득 등이 추가로 발생하면 원칙적으로 이를 합산해 종합과세가 적용된다. 그런데 사업자들의 경우 사업소득 금액을 도출하는 과정에 좀 더 많은 관심을 둘 필요가 있다. 세법에서 이런저런 규제를 많이 하고 있기 때문이다. 다음에서 이에 대해 알아보자.

## 1. 사업소득 금액의 도출과정

### (1) 당기순이익의 계산
사업자들은 기업회계를 적용해 다음의 절차로 당기순이익을 계산한다.

| 구분 | 금액 | 비고 |
|---|---|---|
| 매출액 | ××× | 사업자의 매출 |
| − 매출원가 | | 재료비 등 |
| = 매출총이익 | ××× | |
| − 판매관리비<br>직원 급여<br>임차료<br>감가상각비<br>기타비용 | | 사업장의 임차 시<br>메디컬 건물의 소유 시 |
| = 영업이익 | ××× | |
| + 영업외수익<br>유형자산 처분이익 | | |
| − 영업외비용<br>유형자산처분손실<br>이자비용 | | 메디컬 건물을 대출로 구입 시 |
| = 당기순이익 | ××× | |

당기순이익은 기업회계기준에 따라 계산을 하게 된다. 따라서 이렇게 계산한 결과가 세법에서 정한 기준과 차이가 없다면 이 이익에 대해 과세가 되나, 세법에서 정한 기준과 차이가 있다면 세법에 맞게 이를 수정하게 된다. 이를 실무에서는 세무조정한다고 한다.


### (2) 사업소득 금액의 계산

종합소득에 합산되는 사업소득 금액은 기업 회계상 당기순이익에 세무조정을 반영해 계산한다.

| 구분 | 금액 | 비고 |
|---|---|---|
| 당기순이익 | ×××| |
| ± 세무조정* | ××× | 기업회계를 세무회계로<br>일치시키는 작업과정 |
| = 사업소득 금액 | ××× | |

\* 회사에서 비용 처리 등을 세법에 어긋나게 하면 사업소득 금액이 축소될 수 있다. 이를 세법의 기준에 맞게 금액을 조정하는 것을 세무조정이라고 한다.

## 2. 적용 사례

사례를 통해 위 내용을 확인해보자. 다음 자료를 보고 물음에 답해보자.

[자료]
· 매출 : 5억 원
· 비용 : 3억 원(비용 중 세법상 한도 초과액 1,000만 원 포함)
· 종합소득공제액 : 1,000만 원

Q 1. 기업 회계상 당기순이익은?

기업회계는 매출에서 비용을 차감해 당기순이익을 계산한다. 따라서 이 경우 2억 원이 당기순이익이 된다.

Q 2. 소법상 사업소득 금액은?

사업소득 금액은 사업소득에 대한 종합소득세를 과세하기 위한 금액으로 앞에서 계산된 당기순이익에 대해 세무조정을 한 후 나온 금액을 가감해 계산한다.

· 사업소득 금액 = 2억 원 + 1,000만 원* = 2억 1,000만 원

\* 세법상 인정되지 않은 비용이 당기순이익에 반영되어 당기순이익을 줄였기 때문에 세무조정을 통해 이를 부인하게 되므로 결과적으로 사업소득 금액이 증가하게 된다.

## Q 3. 종합소득세 산출세액은?

| 구분 | 금액 | 비고 |
| --- | --- | --- |
| 사업소득 금액 | 2억 1,000만 원 | |
| − 종합소득공제 | 1,000만 원 | |
| = 과세표준 | 2억 원 | |
| × 세율 | 38% | |
| − 누진공제 | 1,994만 원 | |
| = 산출세액 | 5,606만 원 | 지방소득세 별도 |

# 사업자의
# 필요경비 처리법

개인사업자가 장부를 작성해 소득세 신고를 할 때 필요경비 처리법에 대해 알아보자. 여기서 필요경비(必要經費)란 사업에 필수적으로 수반되는 각종 비용을 말한다.

## 1. 필요경비 처리의 원칙

소득세 계산 시 사업과 관련된 경비를 원칙적으로 모두 필요경비로 처리할 수 있다. 하지만 소득세는 법인세와는 달리 소법 제27조에서 열거된 경비만 비용 처리를 할 수 있다. 이에 열거가 되어 있지 않으면 비용 처리가 쉽지 않은 경우가 많다. 따라서 다음과 같은 기준을 가지고 이에 대해 업무 처리를 하는 것이 좋다.

### (1) 직접비용

사업장을 운영하는 데 필수적으로 들어가는 비용들은 큰 걸림돌이 없이 비용 처리가 가능하다. 이에는 다음과 같은 것들이 있다.

· **인건비**(각종 수당 포함)

· **4대 보험료**

· **임차료**

· **광고비**

· **감가상각비**(건물, 비품, 차량) **등**

### (2) 간접비용

이는 사업장을 운영하는 데 필수적인 비용이 아닌 것들로 예를 들면 접대비, 복리후생비, 소모품비 등이 이에 해당한다. 이러한 비용들은 명확한 기준이 없어 실무자의 판단에 따라 비용으로 처리되기도 한다. 예를 들어 개인적으로 식사비를 100만 원 지출한 경우 이를 필요경비로 산입할 수 있을까? 어떤 실무자는 해당 식사비를 접대비로 보고 경비 처리를 할 수도 있고, 어떤 실무자는 업무 무관 비용으로 보아 경비 처리를 할 수 없다고 할 수도 있다.

## 2. 실무적인 경비 처리의 지침

앞에서 본 것처럼 똑같은 지출을 하고도 처리 내용이 달라지므로 이에 대한 실무 처리기준이 필요할 수 있다.

| 구분 | 내용 | 관리방안 |
|---|---|---|
| 한도가 있는 지출 | · 접대비<br>· 감가상각비<br>· 차량비 | 한도를 지키면 된다. |
| 전액 경비가 인정되지 않는 지출 | · 가정집에서 사용된 지출<br>· 피부 성형 등 관련 지출 | 장부에 계상하지 말아야 한다. |
| 경비 처리가 가능하지만,<br>사후가 문제가 되는 지출 | · 골프비용<br>· 과다한 유흥비용 | 장부에 계상할 수 있지만,<br>세무위험을 감수해야 한다. |

## 3. 적용 사례

사례를 통해 앞의 내용을 확인해보자. 다음 물음에 답해보자.

Q 1. 사업자가 개인적으로 지출하는 비용은 비용 처리가 되는가?

사업자의 카드사용 내역이 상당히 많은데, 이를 일일이 검증할 수 없으므로 소액이라면 접대비 등으로 처리가 가능한 것이 현실이다.

Q 2. 배우자에게 급여를 지급한 경우 비용으로 인정되는가?

실제 배우자가 근무하면 비용부인을 하지 못한다. 하지만 위장 취업에 해당하면 당연히 비용을 부인할 수밖에 없을 것이다.

Q 3. 개인용 컴퓨터를 200만 원 주고 산 경우 비용 처리는 어떻게 하는가?

감가상각 자산으로 분류해 몇 년에 걸쳐 감가상각비로 계상할 수 있고, 아니면 당기의 비용으로 처리할 수 있다(개인용 전화기나 컴퓨터는 감가상각에 대한 선택권이 있다).

Q 4. 인테리어 공사비가 1억 원이 들어가면 비용 처리는 어떻게 할까?

사업자가 정한 기간(감가상각 기간) 내에 균등 상각 등의 방법으로 감가상각할 수 있다. 예를 들어 5년, 균등 상각을 하면 1년간 2,000만 원을 비용으로 처리할 수 있다. 물론 감가상각비는 이 한도 내에서 자유롭게 장부에 반영할 수 있다. 즉, 이익이 나지 않을 때는 감가상각비를 장부에 계상하지 않을 수 있다.

## Tip 비용 관리법

비용은 손익계산서에 반영되는데 항목별 관리 포인트를 살펴보자.

| 구분 | 내용 | 관리 포인트 |
|---|---|---|
| 수익(매출) | | 매출 누락 |
| (-) 비용 | 매출액을 달성하기 위해 들어간 원가 | |
| 급여 | 직원의 급여 | 가족·가공 인건비 계상 여부 |
| 잡급 | 일용직의 급여 | |
| 퇴직급여 | 직원의 퇴직급여 | 퇴직연금납입액 또는 실제 퇴직금 지급 여부 |
| 복리후생비 | 직원을 위해 복리후생 성격으로 사용한 금액 | 과다지출 시 가공경비 혐의 |
| 교육훈련비 | 직원의 교육 훈련을 위해 지출한 비용 | 해외 여행비 계상 여부 |

| 구분 | 내용 | 관리 포인트 |
|---|---|---|
| 여비교통비 | 업무 관련 교통비 | 내근직의 여비교통비 부인 |
| 접대비 | 업무 관련 향응 제공비 | 한도 초과 시 경비 부인 |
| 감가상각비 | 건물 등에 대한 상각비 | 골프장 비용과 가사경비 |
| 차량 유지비 | 업무용 차량에 관련된 비용(사업자의 출퇴근 비용도 포함) | 세무조사 시 중점점검 항목임. |
| 지급 임차료 | 월세나 리스료 등 | 연간 한도 1,500만 원 초과 시는 운행일지로 업무용으로 사용되었음을 입증해야 함. |
| 세금과 공과 | 재산세 등 | 리스료 중 일부는 지급이자로 처리해야 함. |
| 통신비 | 사업자의 통신비 | |
| 지급수수료 | 프리랜서 수당, 세무회계사무소 수수료 등 | 가사통신비 계상 여부 |
| 광고 선전비 | 포털광고비 등 | 세무조사 시 중점점검 항목 |
| 소모품비 | 일상적인 소모품구입 | 공동광고비 한도 초과액 부인, 특수관계인과 거래 시 조사 등 |
| 수선비 | 기계장치 수선비 등 | 가사경비 유무 |
| 도서인쇄비 | 도서비 등 | 과도한 경비 등 |
| 무형자산 상각비 | 사업장 인수 시 지급한 권리금 | 도서상품권 변칙 처리 |
| 기부금 | 종교단체 등 | 비용 불인정 가능성 |
| 지급이자 | 업무 관련 대출이자 | 가공기부금 부인 |
| 기타 잡비 | 앞의 항목에 없는 비용 | 세무조사 시 중점점검 항목임. |
| (=) 회계상 이익* | 기업회계기준에 의해 도출 | 가사비용은 부인당함. |

* 장부로 소득세를 신고할 때 회계상의 이익을 기준으로 산출세액을 계산한다.

· [(당기순이익 + 세무조정) − 종합소득세 공제] × 6 ~ 45% = 산출세액

# 메디컬 건물과
# 감가상각비

감가상각은 사업에 직접 사용하거나 임대한 건물 등의 마모분을 당기의 비용으로 처리할 수 있도록 하는 제도를 말한다. 다음에서 이 제도에 대해 알아보자.

## 1. 감가상각 제도의 골격

### (1) 감가상각 기간과 감가상각 방법

세법에서는 감가상각 자산에 대해서 다음과 같은 식으로 신고내용연수와 감가상각 방법을 정하고 있다. 참고로 기준내용연수는 세법에서 정하고 있는 연수를, 신고내용연수는 기준내용연수의 ±25% 이내의 기간에서 납세자가 선택할 수 있도록 하는 연수를 말한다. 예를 들어 철골조의 건물은 기준내용연수가 40년이지만, 30~50년 사이에서 납세자가 30년 등으로 선택할 수 있는 것을 말한다.

| 구분 | 자산 종류 | 기준내용 연수 | 신고내용 연수 | 감가상각 방법(신고한 경우) | 비고 |
|------|-----------|----------------|----------------|------------------------------|------|
| 무형자산 | 영업권, 상표권 | – | 5년 | 정액법 | 별표 3 |
| | 특허권 등 | – | 7년(특허권), 50년(댐사용권) | 정액법 | |
| 건축물 | 건물 (철골조 등) | 40년 | 30~50년 사이에서 선택 | 정액법 | 별표 5* |
| | 건물 (목조, 연와조 등) | 20년 | 15~25년 사이에서 선택 | 정액법 | |
| | 선박, 항공기 | 12년 | 9~15년 사이에서 선택 | 정액법 | |
| 비품 | 차량 운반구 | 5년 | 4~6년 사이에서 선택 | 정률법 또는 정액법 | 별표 6 |
| | 비품 | 5년 | | | |
| 업종별 자산 | 의료법 | 5년 | | | |
| | 부동산업 | 8년 | 6~10년 사이에서 선택 | | |
| | 기타 업종 | 다양 | 다양 | | |
| 업무용 승용차 | | – | 5년 | 정액법 | |

* 이에 대해서는 다음을 참조하기 바란다. 별표 6에 대해서는 법인세법 등의 규정을 참조하기 바란다.

## ※ 별표 5의 건축물 등의 기준내용연수 및 내용연수 범위 표

| 구분 | 기준내용연수 및 내용 연수범위 (하한–상한) | 구조 또는 자산명 |
|------|------------------------------------------|------------------|
| 1 | 5년 (4~6년) | 차량 및 운반구[운수업, 임대업(부동산 제외)에 사용되는 차량 및 운반구를 제외한다], 공구, 기구 및 비품 |
| 2 | 12년 (9~15년) | 선박 및 항공기[어업, 운수업, 임대업(부동산 제외)에 사용되는 선박 및 항공기를 제외한다] |

| 구분 | 기준내용연수 및 내용 연수범위 (하한~상한) | 구조 또는 자산명 |
|---|---|---|
| 3 | 20년 (15~25년) | 연와조, 블록조, 콘크리트조, 토조, 토벽조, 목조, 목골모르타르조, 기타 조의 모든 건물(부속설비를 포함한다)과 구축물 |
| 4 | 40년 (30~50년) | 철골·철근콘크리트조, 철근콘크리트조, 석조, 연와석조, 철골조의 모든 건물(부속설비를 포함한다)과 구축물 |

## (2) 감가상각 내용연수 정하는 방법

앞의 표를 보면 자산별로 내용연수를 정하는 방법이 다소 혼란스럽다. 건축물, 비품, 업종별 자산 등으로 내용연수가 달라지기 때문이다. 따라서 실무에서는 다음에 따라 이를 정해야 한다.

· 건물 → 건물구조에 따라 기준내용연수 40년 또는 20년 중에서 신고 내용연수를 정한다(별표 6).

· 비품 → 기준내용연수 5년을 적용한 후, 내용연수를 정한다(별표 5).

· 차량 운반구(업무용 승용차는 제외) → 앞의 비품과 같이 처리한다(별표 5).

· 업무용 승용차 → 무조건 5년을 적용한다(별도의 규정).

· 권리금(영업권) → 무조건 5년을 적용한다.

· 위 외의 자산 → 업종별로 정해진 기준내용연수를 적용한다(별표 6).*

* 별표 6에서는 업종별로 최저 4년에서 최고 20년의 기준내용연수를 두고 있다. 참고로 각 기업이 운영하는 업종이 어느 업종에 해당하는지는 한국표준산업분류표를 통해 구체적으로 확인해야 한다(통계분류 포털 사이트 참조). 참고로 의료업에 대한 업종별 자산(의료장비 등)에 대한 기준내용연수는 5년이다.

## 2. 감가상각비를 장부에 계상하는 방법

감가상각비는 사업자나 법인의 매출에서 차감하기 때문에 궁극적으로 당기순이익과 세금을 줄이는 역할을 한다. 따라서 이를 어떤 식으로 장부에 반영할 것인지는 세금에 많은 영향을 주기 때문에 다음과 같은 식으로 이를 규제한다.

첫째, 세법에서 감가상각비 한도를 정하고 있다.

예를 들어 메디컬 건물가액이 10억 원이고 감가상각 기간이 40년이라면 한해에 2,500만 원이 장부에 계상할 수 있는 한도액이 된다.

둘째, 한도액을 초과해 장부에 계상한 경우 그 초과액은 비용으로 인정을 받지 못한다.

셋째, 한도액보다 미달하게 장부에 계상하거나 아예 하지 않으면 다음 연도 이후로 이연 처리하는 것을 허용한다. 단, 업무용 승용차(경차 제외)는 규제 차원에서 당해 연도에 상각하도록 하고 있으며, 이익을 늘려 세금감면을 많이 받을 때는 감가상각한 것으로 간주한다.

## 3. 감가상각 없이 비용으로 처리할 수 있는 경우

다음과 같은 경우에는 감가상각하지 않고 바로 비용으로 처리하면 이를 인정한다.

· 개별자산별로 수선비로 지출한 금액이 600만 원 미만인 경우
· 취득가액이 거래단위별로 100만 원 이하인 감가상각 자산에 해당하는
  경우(단, 고유업무의 성질상 대량으로 보유한 자산 등은 제외)
· 영화필름, 공구, 가구, 전기기구, 가스기기, 가정용 기구·비품, 시계, 시
  험기기, 측정기기 및 간판
· 전화기(휴대용 전화기를 포함한다) 및 개인용 컴퓨터(그 주변기기를 포함한다) 등

## 4. 적용 사례

사례를 통해 앞의 내용을 이해해보자. 다음 자료를 보고 물음에 답해보
자.

[자료]
· 건물의 취득가액 : 10억 원(철골조, 기준내용연수 40년)
· 토지의 취득가액 : 20억 원
· 취득일 : 20×4년 1월 1일

Q 1. 감가상각 기간을 40년으로 책정하고 감가상각 방법이 정액법이
라면 1년간 감가상각할 수 있는 금액은?

· 감가상각비 = (10억 원 / 40년) = 2,500만 원

Q 2. 만일 감가상각비를 장부에 최대한 반영하고 싶다면 어떻게 하
면 될까?

감가상각 기간을 앞당기면 된다. 앞의 기준내용연수의 25% 정도를 앞당길 수 있다.

· **감가상각비＝(10억 원 / 30년)＝3,333만 원**


Q 3. 향후 양도차익을 줄이기 위해 감가상각비를 장부에 계상하지 않아도 세법상 문제가 없는가?

그렇다. 다만, 업무용 승용차와 소득세 감면을 받을 때는 감가상각비를 계상해야 한다.


Q 4. 만일 Q 1처럼 감가상각한 경우에 재무제표는 어떤 식으로 변하는가?

| 구분 | | ① 취득 | ② 보유 |
|---|---|---|---|
| 재무<br>상태표 | 자산 | 유형자산 30억 원<br>토지 20억 원<br>건물 10억 원 | 유형자산 29억 7,500만 원<br>토지 20억 원<br>건물 10억 원<br>(감가상각 누계액) 2,500만 원 9억 7,500만 원 |
| | 부채 | | |
| | 자본 | | |
| 손익<br>계산서 | 매출 | – | – |
| | 비용 | – | 감가상각비 2,500만 원 |
| | 당기순이익 | – | △ 당기순손실 2,500만 원 |

장부에 계상한 감가상각비만큼 자산가액이 축소되면 해당 금액은 비용으로 처리되는 한편 당기순이익을 줄이게 된다.

# 메디컬 건물과
# 지급이자 처리법

메디컬 건물과 관련해 자금을 차입한 경우 이에 대한 이자가 발생한다. 그리고 이때 이자는 필요경비로 인정되는 것이 원칙이다. 하지만 업무와 관련이 없는 개인대출에 해당하는 경우에는 이자 처리에 제한이 있다. 다음에서 지급이자와 관련된 세무상 쟁점 등을 정리해보자.

## 1. 지급이자를 비용으로 처리하는 기준

### (1) 취득하기 전
메디컬 건물을 매입하거나 신축할 때 발생한 지급이자는 다음과 같이 처리한다.

① 종합소득세(법인세)

이자(건설자금이자)를 토지와 건물의 자본적 지출로 보아 취득원가에 포함해 장부에 계상한다.

### ② 양도세

양도세는 장부상의 가액을 기준으로 계산하지 않고 별도의 매매계약서 등을 기준으로 계산하므로 건설자금이자는 이의 취득가액에 반영하지 않는다.

## (2) 취득 후

메디컬 건물을 직접 운영하거나 임대하는 경우에 모두 당기의 비용으로 인정된다. 다만, 다음과 같은 제한이 있다.

※ 소득세 집행기준 33-61-3
[초과인출금에 대한 지급이자 필요경비 불산입]

초과인출금이란 부채의 합계액 중 사업용 자산의 합계액을 초과하는 금액을 말하며, 해당 초과인출금에 상당하는 지급이자는 다음에 따라 계산한 금액으로 하며 가사 관련 경비로 필요경비 불산입한다.

---

· 초과인출금 = 부채의 합계액 − 사업용 자산의 합계액

· 초과인출금에 대한 지급이자 = 지급이자 × $\dfrac{\text{해당 과세기간 중 초과인출금의 적수}^*}{\text{해당 과세기간 중 차입금의 적수}^*}$

---

\* 적수의 계산은 매 월말 현재의 초과인출금 또는 차입금의 잔액에 경과일수를 곱해 계산할 수 있으며, 초과인출금의 적수가 차입금의 적수를 초과하는 경우 그 초과하는 부분은 없는 것으로 본다.

## 2. 적용 사례

사례를 통해 앞의 내용을 이해해보자. K씨는 다음과 같은 건물을 취득했다. 물음에 답해보자.

> [자료]
> · 취득가액 : 10억 원
> · 은행 대출 : 3억 원(이자율 5%)
> · 개인차입금 : 2억 원(이자율 0%)

Q 1. 연간 지급이자는 얼마나 되는가?

3억 원의 5%인 1,500만 원 정도가 지급이자가 된다.

Q 2. 개인차입금에 대해서는 이자가 없는 데 세법상 문제는 없는가?

소법에서는 개인 간 무이자에 대해서는 규제를 하지 않는다. 다만, 상증법에서는 무이자금액도 증여로 보는데, 이 금액이 1,000만 원이 넘어야 한다. 따라서 사례의 경우 2억 원의 4.6%를 적용하면 920만 원이 나오므로 증여세가 나오지 않는다.

Q 3. 앞의 이자에 대한 절세효과는 얼마나 예상되는가?

K씨에게 적용되는 세율은 40%라고 하자. 1,500만 원의 40%인 600만 원(지방소득세 별도)의 절세효과가 발생한다.

Q 4. K씨의 사업용 자산은 11억 원이고 사업용 부채는 15억 원이다.

이러한 상황에서도 지급이자가 전액 인정될까?

아니다. 손익계산서에 계상된 1,500만 원에 대해 전액 비용으로 인정되기 위해서는 사업용 자산의 가액과 사업용 부채의 가액이 적어도 같아야 한다. 그래서 해당 차입금을 사업용 자산에 사용했다고 볼 수 있기 때문이다.

Q 5. Q 4의 연장 선상에서 차입금의 적수*는 100이고 초과인출금의 적수는 50이라면 지급이자는 얼마만큼 비용에서 부인될까?

\* 매일의 차입금의 잔액을 합계한 금액을 말한다. 초보자로서는 건너뛰어도 문제없다.

· **부인되는 지급이자 = 1,500만 원 × (50 / 100) = 750만 원**

# [절세 탐구]
## 공동임대사업자의 경비 처리법

부부나 기타 가족 간에 공동으로 사업을 하는 경우가 종종 있다. 이들은 자신의 소득 배분율에 따라 소득을 분배받아 해당 소득에 대해 소득세를 낸다. 그렇다면 이들은 어떤 식으로 경비 처리를 할까? 다음에서는 공동사업자의 경비 처리법에 대해 알아보자.

## 1. 공동사업자의 주요 경비 처리법

공동사업자의 주요 경비 처리법을 알아보자.

### (1) 적용 원칙

소법 제43조 제1항에서는 공동사업의 경우, 공동사업장을 1 거주자로 보고 수입과 비용을 통합해 소득금액을 계산하도록 하고 있다.

> ① 사업소득이 발생하는 사업을 공동으로 경영하고 그 손익을 분배하는 공동사업의 경우에는 해당 사업을 경영하는 장소(이하 "공동사업장"이라 한다)를 1 거주자로 보아 공동사업장별로 그 소득금액을 계산한다.

☞ 이렇게 공동사업장 전체에 대해 소득금액을 계산한 후 공동사업자의

지분율에 따라 소득금액을 배분하고, 각자 배분받은 소득금액에 대해 각 개인이 소득세 신고를 해야 한다.

### (2) 주요 경비 처리법

#### ① 건강보험료

모든 공동사업 구성원의 건강보험료는 공동사업장의 필요경비로 인정된다.

※ 기획재정부 소득세제과 - 443, 2017. 9. 18

사업을 공동으로 경영하고 그 손익을 분배하는 공동사업장의 소득금액 계산 시 공동사업자의 건강보험료는 소령 제55조 제1항 제11호의 2 및 제11호의 3에 따라 공동사업장의 필요경비에 산입하는 것임.

#### ② 접대비

공동사업장을 1 거주자로 보므로 기본한도 3,600만 원(중소기업)을 적용받는다.

#### ③ 차량비

간편장부대상자는 모든 차량에 대해 제한 없이 비용 처리가 가능하지만, 복식부기 의무자는 1대를 제외한 나머지 차량은 업무전용 자동차보험에 가입해야 비용 처리를 할 수 있다.

④ 지급이자

공동사업을 위한 차입금이자도 비용 처리가 가능하나, 출자와 관련된 차입금이자는 비용으로 인정되지 않는다. 이에 관해서는 다음의 사례를 통해 확인해보자.

⑤ 기타

이외 복리후생비나 소모품비 같은 비용은 모두 제한 없이 공동사업장의 경비로 인정된다. 물론 업무 관련성이 있어야 한다.

※ 지분별로 임대소득이 발생한 경우의 건강보험과 국민연금 부담 관계(공동사업자등록)

| 구분 | 건강보험 | 국민연금 |
|---|---|---|
| 1. 직장인 | ·근로소득 외 종합소득금액 2,000만 원 초과 시 : 지역에서 추가 발생 | 사업장가입자는 제외 |
| 2. 직장인의 배우자(무직) | ·피부양자에서 제외 → 지역에서 건보료 납부 | 지역 가입의무 |
| 3. 직장인의 미성년자인 자녀 | ·피부양자에서 제외 → 지역에서 건보료 납부<br>☞ 주소가 같은 경우 배우자와 통합해 납부 | 18세 미만은 가입의무 없음. |

## 2. 적용 사례

경기도 고양시 일산에서 거주하고 있는 갑과 을은 부동산 임대업을 영위할 목적으로 공동으로 출자한 후 부동산을 취득하고자 한다. 다음 자료에 맞춰 물음에 답해보자.

Q 1. 출자금은 대출받은 자금이다. 이에 대한 이자는 사업경비로 인정받을 수 있는가?

일반적으로 공동사업자가 공동사업과 관련해 은행 등으로부터 조달한 차입금에 대한 이자는 사업경비로 인정된다. 하지만 공동사업자가 공동사업에 출자하기 위해 조달한 차입금에 대한 이자는 당해 공동사업장의 소득금액 계산에 있어서 업무와 관련 없는 비용에 해당해 사업경비로 보지 않는다. 따라서 실무상 출자금과 사업용 부채의 구분이 상당히 중요하다.

Q 2. 사례에서 부동산을 취득하는 경우 재무상태표는?

사례에서 갑과 을은 출자금 5억 원과 차입금 10억 원을 가지고 15억 원의 부동산을 매입했다. 이의 정보를 토대로 재무상태표를 만들어보면 다음과 같다.

| 자산 15억 원 | 부채 10억 원 |
|---|---|
| | 자본 5억 원 |
| 계 15억 원 | 계 15억 원 |

Q 3. 이 건물을 월 500만 원에 임대한다고 하자. 그리고 부채에서 발생한 이자는 월 200만 원이라고 하자. 이때 이자가 경비로 인정되는 경

우와 인정되지 않는 경우의 과세소득은 어떻게 되는가?

연간 임대수입은 6,000만 원(500만 원×12개월)이고 임대비용(이자)은 2,400만 원(200만 원×12개월)이 되는데, 만일 차입금이자가 경비로 인정되면 임대수입에서 임대비용을 뺀 임대소득 금액은 3,600만 원이 되고, 경비로 인정되지 않으면 임대소득 금액은 6,000만 원이 된다.

Q 4. 이 사례에서 출자금은 총 5억 원이고 10억 원이 차입금이었다. 그런데 출자금을 1억 원으로, 나머지 14억 원은 은행이나 개인 차입을 통해 조달한다고 하자. 이렇게 하는 것이 도움이 될까?

공동임대사업자에 대해서는 출자금 개념을 적용하고 있으므로 공동으로 부동산을 취득한 경우 차입금이자에 대해서는 비용 처리가 힘들 수 있다. 따라서 공동사업 전에 출자금과 비출자금을 명확히 구분하고, 공동사업장의 총수입금액을 얻기 위해 발생한 차입금이자로 인정받을 수 있도록 계약서부터 정교히 작성하는 것이 좋을 것으로 보인다. 계약서 작성 시 다음의 내용을 참조하자.

※ 공동임대사업자의 동업계약서

### 동업계약서

제1조 【목적】 상기 2인 출자자는 상기 사업장에 대해 임대업을 2000년 O월 OO일부터 공동으로 사업하면서 출자 및 경영 등을 통해 상호 이익의 증진을 목적으로 한다.

제2조【출자금액】총출자금액은 O억 원으로 하고, 상기 출자자는 1인당 각각 O억 원을 출자한다.

제3조【출자시기】출자시기는 2000년 O월 OO일을 원칙으로 하되, 특별한 사정이 있는 경우에는 2000년 OO월 OO일까지는 입금해야 한다.

제4조【자금조달】공동사업을 위해 필요한 차입금은 동업 계약 체결 후 은행대출금 및 보증금승계 등으로 하기로 하며, 이에 해당하는 이자는 공동사업(조합)의 수익에서 부담하기로 한다.

제5조【손익분배 및 분배율】공동사업에 따른 손익은 임대수입에서 대출지급이자 등 각종 경비를 차감한 금액으로 계산하되 손익분배는 각각의 출자금액 지분인 50%로 한다.

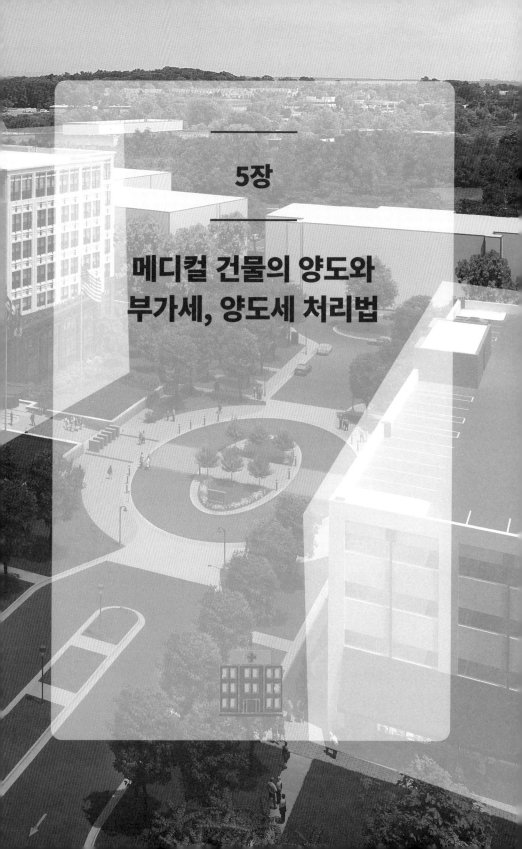

# 5장

## 메디컬 건물의 양도와
## 부가세, 양도세 처리법

# 메디컬 건물의 양도와
# 세무상 쟁점

이제 개인이 메디컬 건물을 양도한다고 하자. 이때 세무상 쟁점은 크게 부가세와 양도세 측면에서 발생한다. 이중 부가세와 양도세에 공통으로 토지와 건물의 가액을 구분하는 문제가 중요하다. 참고로 이러한 문제는 취득자의 관점에서도 동일하게 발생한다. 다음에서 메디컬 건물의 양도와 관련된 세무상 쟁점을 정리해보자.

## 1. 부가세 관련 세무상 쟁점

### (1) 부가세 발생 여부
메디컬 건물을 공급할 때 부가세가 발생하는 경우를 사업자유형별로 살펴보면 다음과 같다.

| 구분 | 내용 | 비고 |
|---|---|---|
| 일반과세자 | · 원칙 : 10%<br>· 포괄양수도* : 부가세 × | |
| 간이과세자 | · 원칙 : 4%<br>· 포괄양수도* : 부가세 × | 세금계산서 발급 불가 |
| 면세사업자 | 부가세 × | |
| 겸업 사업자 | · 과세업 : 부가세 10% 또는 4%<br>· 면세업 : 부가세 × | 과세분과 면세분의 안분계산 |

\* 임대사업에 대한 모든 권리와 의무(임차인 등)를 포괄적으로 승계시키는 계약을 말한다.

☞ 메디컬 건물의 공급자가 일반과세자면 10%의 부가세가 발생한다. 물론 이때 포괄양수도계약을 맺으면 부가세를 생략할 수 있다.

### (2) 부가세의 계산

부가세를 계산하기 위해서는 토지와 건물의 가액을 세법에 맞게 정해야 한다.

① **원칙 : 계약서상의 토지와 건물의 가액을 인정**

② **예외 : 계약서상의 토지와 건물의 가액이 구분되지 않았거나, 구분한 금액이 기준시가로 구분한 금액의 30% 이상 차이가 난 경우\*에는 감정평가, 기준시가로 안분**

\* 단, 토지만을 사용하기 위해 철거하는 경우 등은 구분 기재한 금액 인정

### 2. 양도세 관련 세무상 쟁점

양도세에서는 부가세보다 쟁점이 더 많이 발생한다. 일단 양도세 계산 구조로 세무상 쟁점을 파악해보자.

| 구분 | 토지 | 건물 | 권리금 | 계 | 세무상 쟁점 |
|---|---|---|---|---|---|
| 양도가액 | ××× | ××× | ××× | ××× | · 토지와 건물, 권리금 구분 (비품은 제외)<br>· 부가세 제외 |
| − 취득가액 | ××× | ××× | ××× | ××× | · 필요경비 포함<br>· 감가상각비 차감<br>· 부가세 불공제분 포함 |
| = 양도차익 | ××× | ××× | ××× | ××× | |
| − 장기보유특별공제 | ××× | ××× | ××× | ××× | · 원칙 : 토지와 건물로 각각 적용(6~30%)<br>· 예외 : 양도차손이 난 토지와 건물은 적용 제외 |
| = 양도소득 금액 | ××× | ××× | ××× | ××× | |
| − 기본공제 | | | | 250만 원 | 1회 공제 |
| = 과세표준 | | | | ××× | |
| × 세율 | | | | 6~45% | 1년 미만 50%,<br>1~2년 미만 40% |
| − 누진공제 | | | | ××× | |
| = 산출세액 | | | | ××× | |

양도세와 관련해서는 다음과 같은 것들이 쟁점이 된다.

· 양도가액을 어떤 식으로 정할 것인지의 여부다.

토지와 건물, 권리금, 비품 등을 동시에 공급하는 경우 이들 중 어떤 기준으로 가액을 구분할 것인지, 이 중 과세대상에서 제외되는 것은 어떤 것이 있는지 등을 검토해야 한다.

· 취득가액을 계산할 때 감가상각 누계액을 차감해야 한다.

· 장기보유특별공제는 토지와 건물에만 적용하되, 양도차손이 발생하면 이에 대해서는 공제를 적용하지 않는다.

## ※ 메디컬 건물과 장기보유특별공제

| 구분 | 토지 | 건물 | 권리금 | 인테리어, 비품 |
|------|------|------|--------|----------------|
| 양도차익 | 적용 ○ | 적용 ○ | 적용 × | 양도세 과세대상이 |
| 양도차손 | 적용 ×* | 적용 ×* | 적용 × | 아님. |

* 토지와 건물에서 발생한 양도차손에 대해서는 장기보유특별공제를 받을 수 없다(서면 인터넷방문상담 4팀-560, 2005. 4. 12. 등 참조).

# 일괄공급에 따른 부가세와
# 양도세 계산 시 가액의 구분법

메디컬 건물을 토지와 건물로 구분하지 않고 일괄공급(양도)하는 때가 많다. 그런데 부가세법에서는 건물에 대해서만 부가세를 과세하며, 소법에서는 토지와 건물을 구분해 양도세를 계산하도록 하고 있다. 따라서 가액을 어떤 식으로 구분하는지의 부분이 세금에 상당한 영향을 미치게 된다. 다음에서 부가세법과 소법 관점에서 이에 대해 알아보자.

## 1. 부가세법상 일괄공급과 가액의 구분

### (1) 원칙

토지와 그 토지에 정착된 건물 또는 구축물 등을 함께 공급하는 경우 공급가액은 실지거래가액을 기준으로 한다(부가세법 제26조 제9항).

## (2) 예외

다음의 사유에 해당하는 경우에는 대통령령(부가령 제64조)에 따라 안분계산한다. 부가령 제64조에서는 '감정평가, 기준시가'의 순으로 안분하도록 하고 있다.

> 1. 실지거래가액 중 토지의 가액과 건물 또는 구축물 등의 가액 구분이 불분명한 경우
> 2. 사업자가 실지거래가액으로 구분한 토지와 건물 등의 가액이 대통령령으로 정하는 바*에 따라 안분계산한 금액과 100분의 30 이상 차이가 있는 경우. 다만, 다른 법령에서 정하는 바에 따라 가액을 구분한 경우 등 대통령령으로 정하는 사유에 해당하는 경우는 제외**한다.

\* 감정평가액, 기준시가의 비율로 안분한 경우를 말한다.

\*\* 다음 사유에 해당하는 경우에는 사업자가 구분 기재한 금액을 실지거래가액으로 인정한다.
  1. 다른 법령에서 정하는 바에 따라 토지와 건물 등의 가액을 구분한 경우
  2. 토지와 건물 등을 함께 공급받은 후 건물 등을 철거하고 토지만 사용하는 경우


## 2. 소법상 일괄양도와 가액의 구분

### (1) 원칙

토지와 건물 등을 함께 취득하거나 양도한 경우에는 이를 각각 구분해 기장한다(소법 100조 제2항).

## (2) 예외

토지와 건물 등의 가액 구분이 불분명*할 때는 취득 또는 양도 당시의 기준시가 등을 고려해 대통령령**으로 정하는 바에 따라 안분계산(按分計算)한다(소법 제100조 제2항 단서).

\* 토지와 건물 등을 함께 취득하거나 양도한 경우로서 그 토지와 건물 등을 구분 기장한 가액이 같은 항에 따라 안분계산한 가액과 100분의 30 이상 차이가 있는 경우에는 토지와 건물 등의 가액 구분이 불분명한 때로 본다.

\*\* 부가령 제64조 제1항에 따라 안분계산하는 것을 말한다(감정평가 → 기준시가로 안분).

☞ 참고로 소법에서는 임의구분 기재한 금액이 기준시가로 안분한 것과 30% 이상 차이가 나면 무조건 감정평가, 기준시가 순으로 이를 안분하도록 하고 있다(부가세법과 차이). 다음 3에서 정리한다.


## 3. 부가세법상 공급가액과 소법상 양도차익의 계산방법 비교

토지와 건물을 공급(양도)할 때 토지와 건물의 가액을 어떤 식으로 구분하는지 부가세법과 소법을 비교하면 다음과 같다.

| 구분 | 부가세법 | 소법 |
|---|---|---|
| 토지와 건물 실지거래가액 | 인정 | 좌동 |
| 실지거래가액이 기준시가 안분 대비 30% 이상 차이가 난 경우 | 원칙 : 인정 × → 안분계산* | 좌동 |
| | 예외 : 실지거래가액 인정** | 예외 : 없음.*** |

\* 감정평가, 기준시가 순으로 적용한다.

\*\* 부가세법에서는 토지와 건물 등을 함께 공급받은 후 건물 등을 철거하고 토지만 사용하는 경우 등은 30% 규정을 적용하지 않고 실지거래가액을 인정한다. 따라서 매수자가 바로 철거 등을 하면 건물가액을 0원으로 해도 된다.

*** 소법에서 양도차익을 계산할 때에는 기준시가 안분 대비 30% 이상 차이가 나면 기준시가 등으로 안분해야 한다. 따라서 부가세법상 건물의 공급가액이 0원이 되더라도 소법상의 양도차익을 계산할 때에는 기준시가 등으로 안분해야 한다.

# 메디컬 건물양도 시
# 토지와 건물의 가액을 정하는 법

메디컬 건물의 양도 시 부가세는 건물가액에 대해서만 부과되므로 건물가액을 잘 정하는 것이 중요하다. 한편 양도세는 부가세의 안분기준에 따라 토지와 건물의 가액을 구분하는 것이 원칙이다. 다음에서 이에 대해 알아보자.

## 1. 양도 시 토지와 건물의 가액 정하는 방법

### (1) 계약당사자가 일반과세자인 경우

① 부가세 측면

계약당사자가 일반과세자이면 부가세는 그렇게 중요하지 않다. 부가세가 발생하면 매수자는 이를 환급받을 수 있거나, 포괄양수도계약으로 이를 없앨 수 있기 때문이다.

② 양도세 측면

이때에는 기준시가로 토지와 건물의 가액을 안분한 경우가 일반적이다.

**(2) 매수자가 면세사업자인 경우**

① 부가세 측면

매수자가 면세사업자이면 부가세 환급을 받을 수 없으므로 이때에는 다음과 같이 조처한다.

· 감정평가를 받아 건물가액을 최대한 낮춘다.

· 감정평가를 하지 않으면 기준시가로 안분한 금액을 참조해 이 금액의 30% 미만이 되게 건물가액을 정한다.


예를 들어 메디컬 건물을 10억 원에 일괄공급한다고 하자. 이때 토지의 기준시가(공시지가)가 4억 원이고 건물의 기준시가가 1억 원이라면, 이를 기준으로 토지와 건물의 가액을 계산하면 다음과 같다.

· **토지가액 = 10억 원 × 4억 원 / 5억 원 = 8억 원**

· **건물가액 = 10억 원 × 1억 원 / 5억 원 = 2억 원**


이때 건물가액은 최대한 30% 미만이 되게 낮출 수 있다. 따라서 건물가액은 다음의 범위 내에서 자유롭게 정할 수 있다.

· **최대 2억 원~최소 1억 4,000만 원**(미만)

② 양도세 측면

면세사업자가 메디컬 건물을 양도할 때 토지와 건물의 가액은 감정평가, 기준시가로 나누거나 기준시가로 안분한 금액의 30% 미만이 되게 정할 수 있다.

## 2. 적용 사례

사례를 통해 이 내용을 확인해보자. 다음 자료를 보고 물음에 답해보자.

[자료]
· 양도가액 : 10억 원
· 토지와 건물의 기준시가 비율 : 8 대 2

Q 1. 기준시가 비율로 토지와 건물의 가액을 구분하면 각각 얼마가 되는가?

· 토지 : 10억 원 × (8 / 10) = 8억 원
· 건물 : 2억 원

Q 2. 건물의 가액을 최대한 낮추고 싶다. 얼마까지 가능한가?

앞에서 제시한 2억 원보다 30% 정도를 낮춘 1억 4,000만~2억 원 사이에서 건물가액을 잡으면 된다. 참고로 30% 이상 차이가 나면 기준시가로 안분한 금액으로 가액을 구분하므로 최저 금액에 주의해야 한다.

Q 3. 앞 건물의 양도자가 일반과세자라면 총거래가액은 얼마나 되는가?

이 경우 다음과 같이 총거래가액이 정해진다.

| 구분 | 공급가액 | 부가세 | 계 |
|---|---|---|---|
| 토지가액 | 8억 원 | – | 8억 원 |
| 건물가액 | 2억 원 | 2,000만 원 | 2억 2,000만 원 |
| 계 | 10억 원 | 2,000만 원 | 10억 2,000만 원 |

☞ 매수자는 일반과세자로 등록해 매입 시 부담한 2,000만 원을 환급받을 수 있다. 국가의 입장에서는 이를 징수해 다시 환급해야 하므로 세수증가의 실익이 없다. 그래서 매도자의 사업을 매수자가 포괄적으로 양수하면 부가세 없이 거래할 수 있도록 하고 있다(포괄양수도계약).

Q 4. 앞 건물의 양도자가 면세사업자라면 총거래가액은 얼마나 되는가?

이 경우 다음과 같이 총거래가액이 정해진다.

| 구분 | 공급가액 | 부가세 | 계 |
|---|---|---|---|
| 토지가액 | 8억 원 | – | 8억 원 |
| 건물가액 | 2억 원 | – | 2억 원 |
| 계 | 10억 원 | – | 10억 원 |

면세사업자가 양도하는 건물에 대해서는 부가세가 발생하지 않는다.

Q 5. 앞 건물의 양도자가 겸업 사업자라면 총거래가액은 얼마나 되는가?

과세업과 면세업의 비율은 5 : 5가 된다고 하자.

이 경우 다음과 같이 총거래가액이 정해진다.

| 구분 | 공급가액 | | 부가세 | 계 |
|---|---|---|---|---|
| 토지가액 | | 8억 원 | – | 8억 원 |
| 건물가액 | 과세분 | 1억 원 | 1,000만 원 | 1억 1,000만 원 |
| | 면세분 | 1억 원 | – | 1억 원 |
| 계 | | 10억 원 | 2,000만 원 | 10억 1,000만 원 |

# 건물가액을 0원으로 하는 경우의
# 부가세와 양도세 처리법

오래되고 낙후된 건물의 경우 건물의 가치가 거의 없는 경우가 많다. 이러한 상황에서 건물을 매매할 때 건물의 가액을 어떤 식으로 정할지를 두고 여러 가지 쟁점들이 발생한다. 다음에서 이에 대해 알아보자.

## 1. 건물가액을 0원으로 하는 경우의 세무상 쟁점

### (1) 부가세

부가세법에서는 실지거래가액이 기준시가로 안분한 금액 대비 30% 이상 차이가 나면 원칙적으로 이를 인정하지 않지만, 다음의 사유에 대해서는 이를 인정한다.

· 다른 법령에서 정하는 바에 따라 토지와 건물 등의 가액을 구분한 경우

· 토지와 건물 등을 함께 공급받은 후 건물 등을 철거하고 토지만 사용하는 경우

## (2) 양도세

소법에서는 실지거래가액이 기준시가로 안분한 금액 대비 30% 이상 차이가 나면 이를 인정하지 않고 '감정평가 → 기준시가' 순으로 토지와 건물의 가액을 구분하도록 하고 있다.

## 2. 적용 사례

K씨는 다음과 같은 건물을 양도하고자 한다. 물음에 답해보자. 참고로 매수자는 해당 건물을 일정 기간 사용한 후에 신축하고자 한다.

[자료]
· 취득연도 : 2000년
· 양도가액 : 20억 원(토지기준시가 12억 원, 건물기준시가 3억 원)
· 양도 시 감정평가액 : 토지평가액 14.9억 원, 건물평가액 1,000만 원

Q 1. 이 건물을 양도할 때 건물가액을 0원으로 하려고 한다. 부가세법상 어떤 문제가 있는가?

기준시가로 안분한 금액과 30% 이상 차이가 나면 이를 인정받지 못한다.

· 기준시가로 안분한 건물가액 : 20억 원 × (3억 원 / 15억 원)=4억 원

사례의 경우 4억 원의 70%인 2억 8,000만 원보다 많게 건물가액이 책정되어야 하므로 사례의 공급가액 0원은 실지거래가액으로 인정받지 못한다.

Q 2. 만일 매수자가 취득 후 사용하지 않고 곧바로 건물을 철거한다면 건물가액을 0원으로 해도 되는가?

토지만을 사용하기 위해 건축물을 철거하는 경우에는 해당 금액을 인정한다. 다만, 양도세의 경우에는 이를 인정하지 않으므로 '감정평가, 기준시가' 순으로 안분해 양도세를 계산해야 한다.

Q 3. 만일 감정평가를 받아서 이의 금액으로 부가세와 양도세를 신고하면 문제는 없는가?

그렇다. 감정평가를 하면 최우선으로 이 금액이 인정되기 때문이다.

| 구분 | 토지 | 건물 | 계 |
|------|------|------|------|
| 기준시가 안분 | 16억 원 | 4억 원 | 20억 원 |
| 감정평가 안분 | 19억 8,660만 원 | 1,340만 원* | 20억 원 |

* 20억 원 × (1,000만 원/15억 원)=1,340만 원

Q 4. 감정평가를 받아서 신고하면 좋을 상황은?

건물가액을 낮추고 싶을 때 좋다. 감정평가를 받아 신고하면 건물의 가액을 낮출 수 있는 효과가 발생하다.

※ 감정평가에 따른 매도자와 매수자의 장단점

| 구분 | 매도자 | 매수자 |
|---|---|---|
| 장점 | · 매출 부가세를 줄여 공급을 원활히 할 수 있다.<br>· 건물에 대한 양도차익을 줄여 장기 보유특별공제를 늘릴 수 있다. | 건물에 대한 부가세를 줄일 수 있다. |
| 단점 | 감정평가비용이 발생한다. | · 건물가액이 낮아 감가상각비가 축소된다.<br>· 중개수수료 등에 대한 부가세 환급액이 줄어들 수 있다. |

# 건물과 비품을 동시에 양도하는
# 경우의 세무 처리법

건물과 인테리어 또는 비품 등을 동시에 양도하는 때도 있다. 이때 발생하는 세금은 앞에서 보았던 부가세와 양도세다. 그런데 올바른 부가세와 양도세 과세를 위해서는 토지와 건물, 비품에 대한 가액부터 구분해야 한다. 다음에서 이에 대해 알아보자.

## 1. 건물과 비품의 일괄공급 시 가액의 안분

사업자가 토지와 함께 건물 등을 공급하는 경우 그 건물 등의 과세표준은 다음의 순서에 의한 가액으로 계산한다(부가세 집행기준 : 29-64-1).

| 구분 | 공급가액 계산방법 |
|---|---|
| ① 실거래가액이<br>모두 있는 경우 | · 구분된 건물 등의 실지거래가액<br>· 구분한 실지거래가액이 다음(②~⑥) 방법으로 안분계산한 금액과 100분의 30 이상 차이가 있는 경우 ②~⑥의 방법으로 안분계산한 금액(다만, 다른 법령에 따라 토지와 건물 등의 가액을 구분한 경우나 토지와 건물 등을 함께 공급받은 후 건물 등을 철거하고 토지만 사용하는 경우는 실지거래가액) |
| ② 감정평가액이<br>모두 있는 경우 | · 감정평가업자가 평가한 감정평가액에 비례해 안분계산 |
| ③ 기준시가가<br>모두 있는 경우 | · 공급계약일 현재 기준시가에 비례해 안분계산 |
| ④ 기준시가가<br>일부 있는 경우 | · 먼저 장부가액(장부가액이 없는 경우 취득가액)에 비례해 안분계산<br>· 기준시가가 있는 자산에 대해서는 그 합계액을 다시 기준시가에 비례해 안분계산 |
| ⑤ 기준시가가<br>모두 없는 경우 | 장부가액(장부가액이 없는 경우 취득가액)에 비례해 안분계산 |
| ⑥ 국세청장이 정한<br>공급가액 안분계산방법 | · 토지와 건물 등의 가액을 일괄 산정·고시하는 오피스텔 등의 경우<br>→ 토지의 기준시가와 국세청장이 고시한 건물의 기준시가에 비례해 안분계산<br>· 건축 중에 있는 건물과 토지를 함께 양도하는 경우<br>→ 해당 건물을 완성해 공급하기로 한 경우에는 토지의 기준시가와 완성될 국세청장이 고시한 건물의 기준시가에 비례해 안분계산<br>· 미완성 건물 등과 토지를 함께 공급하는 경우<br>→ 토지의 기준시가와 미완성 건물 등의 장부가액(장부가액이 없는 경우 취득가액)에 비례해 안분계산 |

☞ 세법은 모든 자산에 대해 감정평가를 받으면 이를 최우선으로 적용한다(②의 경우).

## 2. 적용 사례

K씨는 다음과 같이 건물 등을 일괄양도하고자 한다. 물음에 답해보자.

**[자료]**

| 구분 | 취득가액 | 장부가액 | 기준시가 | 감정가액 |
|------|----------|----------|----------|----------|
| 토지 | 50억 원 | 50억 원 | 40억 원 | 80억 원 |
| 건물 | 40억 원 | 30억 원 | 20억 원 | – |
| 비품 등 | 30억 원 | 20억 원 | – | 15억 원 |
| 계 | 120억 원 | 100억 원 | 60억 원 | 95억 원 |

Q 1. K씨는 일반과세자로 토지, 건물과 비품 등을 150억 원(부가세 별도)에 일괄양도했다. 이 경우 공급가액은 어떤 기준으로 계산하는가?

이는 앞의 ④의 방법으로 안분계산한다.

| ④ 기준시가가 일부 있는 경우 | · 먼저 장부가액(장부가액이 없는 경우 취득가액)에 비례해 안분계산<br>· 기준시가가 있는 자산에 대해서는 그 합계액을 다시 기준시가에 비례해 안분계산 |
|------|------|

Q 2. 사례의 경우 부가세 과세를 위한 공급가액은 어떻게 되는가?

먼저 장부가액을 기준으로 1차 안분계산을 한다.

① 토지 = 150억 원 × (50억 원 / 100억 원) = 75억 원

② 건물 = 150억 원 × (30억 원 / 100억 원) = 45억 원

③ 비품 등 = 150억 원 × (20억 원 / 100억 원) = 30억 원

다음으로 토지와 건물의 합계액을 기준시가로 2차 안분계산한다.

④ 토지 = 120억 원 × (40억 원/60억 원) = 80억 원

⑤ 건물 = 120억 원 × (20억 원/60억 원) = 40억 원

따라서 부가세의 총공급가액은 ③과 ⑤를 더한 70억 원이 된다.

Q 3. 양도세 과세를 위해서는 토지와 건물, 비품 등의 가액은 어떻게 구분해야 하는가?

· 감정평가를 받으면 이 금액을 기준으로 안분하면 된다.
· 감정평가를 받지 않으면 장부가액을 기준으로 토지와 건물, 비품으로 구분한 후에 토지와 건물에 대해 기준시가로 구분한다.

# 건물을 양도하면서 권리금을
# 받은 경우의 세무 처리법

개인이나 법인이 운영하는 사업체를 양도하는 때도 있다. 이때 부동산과 비품, 시설비 외에 영업권(권리금)을 포함해 대가를 받는 경우가 많다. 그런데 이때 주의할 것은 권리금에 대해 부가세와 양도세가 과세될 수 있다는 것이다. 다음에서 이에 대한 세무 처리법을 알아보자.

## 1. 권리금을 받은 경우의 세무상 쟁점

메디컬 건물을 양도하면서 권리금을 받으면 부가세와 양도세에서 세무상 쟁점이 발생한다.

### (1) 부가세

사업양도자가 메디컬 건물과 영업권을 함께 양도하는 경우 건물가액과 영업권 대가에 대해 10%만큼 부가세가 각각 발생한다. 다만, 이때 사업양수자가 일반과세자에 해당한 상태에서 포괄양수도계약을 맺으면 부가세 없이 거래할 수 있다(부가, 부가 46015-1224, 2001. 9. 11).

## (2) 양도세

소법은 부동산과 함께 받은 영업권 대가를 양도소득으로 보아 과세하도록 하고 있다. 이때 부동산에서 발생한 소득과 영업권 소득은 구분해 양도세를 계산해야 한다. 장기보유특별공제는 부동산에서 발생한 소득에만 적용되기 때문이다.

| 구분 | 부동산 | 영업권* | 계 |
|---|---|---|---|
| 양도가액 | | | |
| - 취득가액 | | | |
| = 양도차익 | | | |
| - 장기보유특별공제 | | (공제 불가) | |
| - 기본공제 | | | |
| = 과세표준 | | | |
| × 세율 | | | |
| - 누진공제 | | | |
| = 산출세액 | | | |

* 안분기준 : 재산세과-2065, 2008. 7. 31

　토지와 영업권을 함께 취득하거나 양도하는 경우로서 당해 양도자산의 가액 구분이 불분명한 때에는 소령 제166조 제6항의 규정에 따라 부가령 제48조의 2 제4항 단서의 규정(감정평가가액, 기준시가, 장부가액, 취득가액을 순차적으로 적용한 가액에 의함) 및 국세청 고시 제2007-8호에 의해 안분계산하는 것임.

## 2. 적용 사례

K씨는 현재 면세사업용 병의원을 운영하고 있다. 이번에 본인이 보유한 사업용 건물을 사업과 함께 일괄양도하고자 한다. 다음 자료를 보고 물음에 답해보자.

> [자료]
> · 메디컬 건물 : 취득가액 2억 원
> · 메디컬 건물 감가상각 누계액 : 5,000만 원
> · 의료장비, 비품 등 장부가액 : 1억 원
> · 총수령액 : 5억 원

Q 1. 이 부동산을 양도함에 따라 부가세는 발생하는가?

K씨는 면세사업자이므로 메디컬 건물을 양도하더라도 부가세가 발생하지 않는다.

☞ 면세사업자가 건물을 공급하면 부가세가 발생하지 않는다. 따라서 당초 이 건물을 취득할 때 발생한 부가세는 환급을 해주지 않는다.

Q 2. K씨는 해당 사업을 넘기면서 얻은 이익은 얼마인가?

총수령액 5억 원에서 부동산과 의료장비 등의 장부가액을 차감하면 다음과 같이 이익을 계산할 수 있다.

· **총수령액 – 부동산의 장부가액 – 의료장비 등의 장부가액**

  = 5억 원 – (2억 원 – 5,000만 원) – 1억 원

  = 2억 5,000만 원

Q 3. 앞의 이익 2억 5,000만 원의 성격은 무엇인가?

이는 부동산의 처분이익과 사업의 양도에 따른 권리금(영업권)의 합계액으로 구성된 것으로 볼 수 있다.


Q 4. 그렇다면 사례의 경우 어떻게 하는 것이 세 부담을 줄일 수 있는 길인가?

K씨가 사업과 부동산을 별개로 양도하거나, 애초에 본인이 아닌 가족 등의 명의로 부동산을 취득하는 것이 좋을 것으로 보인다.


[돌발퀴즈] 만일 메디컬 건물과 영업권을 별도로 계약을 맺으면 양도소득과 기타소득으로 구분해 신고할 수 있을까?

이에 대해서는 다음을 참조하기 바란다.


고정자산(부동산) 양도계약서와 별도로 임의구분해 병원영업권 매매계약서를 작성했다 할지라도 고정자산과 '함께' 양도된 영업권에 해당한다(대구지법 2018구합1147, 2019.5.16).

# 건물 감가상각비가
# 양도세에 미치는 영향분석

메디컬 건물을 양도하면 양도세를 신고 및 납부해야 한다. 이때 감가상 각비는 취득가액에서 차감되는 것이 원칙이다. 양도 전 임대소득세를 계산 할 때 필요경비로 처리되었으므로, 이중공제를 해주지 않기 위해서다. 따 라서 건물 소유자들은 건물에 대해 감가상각을 할 것인지, 하지 않을 것인 지 이에 대한 의사결정을 할 수 있어야 한다. 다음에서 사례를 통해 이에 대해 알아보자.

### 〈사례〉

메디컬 건물에 대한 감가상각비를 처리해 임대소득세에 반영할 것인 지 아니면 향후 양도세 신고 때 반영할 것인지 이에 대한 의사결정을 내 려보자.

### [STEP 1] 감가상각비에 대한 절세효과

먼저 감가상각에 의한 절세효과를 계산해보자.

① 건물에 대한 감가상각비 계산

보통 병의원 건물에 대한 감가상각 연수는 40년을 기준으로 ± 25%로 할 수 있다. 따라서 납세자들은 30~50년 중에서 감가상각 연수를 선택할 수 있다. 한편 건물에 대한 감가상각 방법은 정액법(매년 균등하게 상각하는 방법)으로 상각할 수 있다. 따라서 감가상각비는 '감가상각 연수와 감가상각 방법'의 조합에 따라 이의 크기가 결정된다. 사례의 경우 30년, 정액법으로 상각한다고 하면 연간 1,000만 원(3억 원 ÷ 30년)이 상각비가 되므로 10년 간 총 1억 원을 상각비로 처리할 수 있다.

※ 건물구조에 따른 감가상각 내용연수

| 구분 | 기준내용연수 | 내용연수* |
|---|---|---|
| 철골구조 | 40년 | 30~50년 |
| 목재구조 | 20년 | 15~30년 |

* 이 기간 내에서 납세자가 임의로 선택할 수 있다.

## ② 감가상각비에 대한 절세효과

감가상각비는 임대소득세를 줄이게 된다. 따라서 적용되는 세율에 따라 절세효과가 달라진다.

| 구분 | 6% | 15% | — | 35% | 38% | — | 45% |
|---|---|---|---|---|---|---|---|
| 감가<br>상각비 | 1억 원 | 1억 원 | — | 1억 원 | 1억 원 | — | 1억 원 |
| 절세<br>효과* | 600만 원 | 1,500만 원 | — | 3,500만 원 | 3,800만 원 | — | 4,500만 원 |

* 이외 지방소득세가 10% 추가된다.

표를 보면 임대소득에 적용되는 세율이 커질수록 절세효과 금액도 커지게 된다.


### [STEP 2] 10년 후 건물의 양도세 계산

다음으로 10년 후에 건물을 양도할 때 양도가액의 변화에 따른 양도세를 계산하면 다음과 같다. 단, 기본공제 250만 원은 미반영한다.

| 구분 | 금액 | | |
|---|---|---|---|
| 양도가액 | 5억 5,000만 원 | 10억 원 | 15억 원 |
| − 취득가액 | 5억 원 | 5억 원 | 5억 원 |
| = 양도차익 | 5,000만 원 | 5억 원 | 10억 원 |
| − 장기보유특별공제 | 1,000만 원* | 1억 원 | 2억 원 |
| − 기본공제 | 0 | 0 | 0 |
| = 과세표준 | 4,000만 원 | 4억 원 | 8억 원 |
| × 세율 | 15% | 40% | 42% |
| − 누진공제 | 126만 원 | 2,594만 원 | 3,594만 원 |
| = 산출세액 | 474만 원 | 1억 3,406만 원 | 3억 6만 원 |

* 5,000만 원 × 20%(= 10년 × 2%) = 1,000만 원

## [STEP 3] 의사결정

감가상각 여부는 임대소득세와 양도세에 적용되는 한계세율의 크기에 따라 의사결정을 내리는 것이 일반적이다.

· 만일 종합소득세율이 양도세율보다 낮은 경우 → 감가상각하지 않는 것이 유리

· 만일 종합소득세율이 양도세율보다 높은 경우 → 감가상각하는 것이 유리

## [절세 탐구]
## 영업권(권리금)과 세무 처리법

부동산의 양도 없이 영업권(권리금)만 주고받는 경우의 세무상 쟁점을 양도자와 양수자의 관점에서 정리해보자.

## 1. 사업양도자

메디컬 건물은 양도하지 않고 사업양수·양도를 통해 영업권만 양도하는 경우에는 다음과 같이 세무 처리를 한다.

### (1) 부가세 징수

사업양도자가 일반과세자면 원칙적으로 영업권 양도가액의 10%만큼 부가세가 발생한다. 참고로 메디컬 건물을 소유한 상태에서 영업권만 양도하면 포괄양수도계약이 성립하지 않으므로 이 경우에는 세금계산서를 교부해야 한다.

☞ 면세사업자는 부가세가 발생하지 않는다.

### (2) 종합소득세(기타소득) 부담

사업양도자가 받은 영업권 대가는 세법상 기타소득에 해당한다. 이때 영업권 대가 중 60%는 비용으로 인정되고 나머지 40%에 해당하는 금액이

300만 원 초과 시 다른 종합소득에 합산해 6~45%의 세율을 적용한다.

## 2. 사업양수자

### (1) 부가세 환급

사업양수자가 일반과세자이면 권리금에 대한 부가세 전액을 환급받을 수 있다. 참고로 사업양도자와 양수자가 일반과세자에 해당해 포괄양수도 계약을 맺으면 부가세 없이 거래할 수 있다.

☞ 사업양도자가 일반과세자이고 사업양수자가 면세사업자이면 부가세가 발생하며, 이때 면세사업자는 부가세를 환급받을 수 없다.

### (2) 원천징수

영업권 지급 대가가 기타소득에 해당하면 지급자는 의무적으로 원천징수의무를 이행해야 한다. 참고로 양도소득에 해당하면 이의 의무가 없다.

· **원천징수해야 할 세액 = (지급금액 – 필요경비\*) × 22%**

\* 영업권의 기타소득에 대한 필요경비는 지급금액의 60%에 해당하는 금액으로 한다.

### (3) 영업권 비용 처리

사업양수자가 부동산 취득가액과 영업권을 동시에 취득한 경우에는 이를 세법상의 기준에 맞게 가액을 구분해 장부에 계상해야 한다.

## ※ 메디컬 건물과 영업권의 장부계상법

| 구분 | 계정과목명 | 비고 |
|---|---|---|
| 토지 | 유형자산 | |
| 건물 | 유형자산 | 감가상각(40년 등, 정액법) |
| 영업권 | 무형자산 | 감가상각(5년, 정액법) |

# 6장

## 메디컬 건물취득
## 명의 선택요령

# 메디컬 건물의
# 운영형태와 장단점

이제 지금까지 공부한 내용을 바탕으로 메디컬 건물에 대한 취득자 명의를 정하는 방법에 대해 알아보자. 메디컬 건물에 대한 명의를 정할 때는 무엇보다도 이에 대한 운영형태를 제대로 이해하는 것이 중요하다. 사업자 본인이나 가족(또는 법인) 등의 명의에 따라 파생하는 세무상 쟁점들이 달라지기 때문이다. 다음에서 이에 대해 정리해보자.

## 1. 운영형태

### (1) 사업자 본인의 사업장으로 사용

사업자가 본인 명의로 건물을 취득해 본인의 사업장으로 사용하는 것을 말한다. 이 경우 해당 건물에서 발생한 비용은 본인의 사업비용으로 인정된다.

☞ 만일 메디컬 건물의 일부를 다른 사업자에게 임대한 경우에는 해당 부분은 '임대업'으로 등록해 두 업종에 대해 세무 처리를 각각 한 후, 종합소득세 신고 때 합산해 신고해야 한다.

### (2) 배우자 등 가족이 임대용으로 사용

배우자 등 가족의 명의로 건물을 취득해 메디컬 건물로 임대하는 방식을 말한다. 예를 들어 부인이 남편에게 임대하는 식이 된다. 이때 임대하는 부인은 임대사업자가 되는 것이며, 남편은 임차인으로 부인에게 지급하는 임차료는 사업에 대한 경비로 인정된다.

☞ 가족 간의 임대차계약은 세법상 감시를 받게 된다. 따라서 적정임대료를 산정해 계약을 맺는 것이 중요하다.

### (3) 가족법인이 임대용으로 사용

사업자나 가족 등이 법인을 설립한 후 메디컬 건물을 사업자에게 임대하는 방식이다. 이 방식은 앞 (2)의 방식과 임대방식이 동일하나 관련 세제에서는 많은 차이가 있다.

☞ 메디컬 건물을 개인으로 임대하는 것이 좋은지, 법인으로 임대하는 것이 좋은지 등에 대해서는 미리 검토되어야 한다. 앞으로 전개되는 내용을 참조하기 바란다.

## 2. 메디컬 건물의 운영형태와 장단점

앞에서 본 메디컬 건물의 운영형태는 크게 본인, 가족(개인), 가족법인이 된다. 다음에서 운영형태에 따른 장단점을 알아보자.

### (1) 본인 명의로 취득한 경우

사업자가 본인 명의로 취득한 경우의 장단점을 요약하면 다음과 같다.

| 장점 | 단점 |
|---|---|
| · 의사결정이 쉽다.<br>· 임차료를 내지 않아도 된다.<br>· 시세차익을 얻을 수 있다. | · 부가세 환급을 받을 수 없다(면세업).<br>· 지급이자 등이 발생할 수 있다.<br>· 사업 양수·양도할 때 받은 권리금은 양도소득<br>  으로 과세된다. |

메디컬 건물을 본인 명의로 취득한 경우에는 부동산의 양도에 따른 시세차익을 얻을 수 있다는 장점이 있다. 다만, 면세업의 경우 부가세 환급을 받지 못한다는 점 등은 단점으로 지적된다(성형외과 등 과세업 병과는 부가세 환급이 가능하나, 면세업과 과세업을 동시에 영위하는 경우에는 과세분만 부가세 환급이 가능하다).

☞ 메디컬 건물에서 발생한 부가세가 많으면 이를 환급받기 위해서 본인보다는 가족이나 법인으로 하는 경향이 높다.

### (2) 배우자 명의로 취득하는 경우

이는 앞에서 본 부가세 환급과 가족 간에 임대료 조절을 통해 절세효과를 누리기 위해 가족이 메디컬 건물을 취득하는 경우를 말한다.

| 장점 | 단점 |
|---|---|
| · 부가세 환급을 받을 수 있다(일반과세자).<br>· 임대료 조절이 쉽다.<br>· 시세차익을 얻을 수 있다. | · 자금출처조사의 위험이 따른다.<br>· 지급이자 등이 발생할 수 있다.<br>· 임대업에 대한 관리비용이 증가한다(임대료 책정 등).<br>· 건강보험료가 추가될 수 있다. |

가족의 명의로 부동산을 취득해 이를 가족에게 임대하면 다양한 효과를 얻을 수 있지만, 세법상의 규제가 많다. 예를 들어 임대료가 세법에서 책정한 시가에 맞게 책정되었는지에 대한 검증요구를 받을 수 있다. 이 외에도 자금출처조사 같은 위험이 뒤따를 수 있다.

☞ 배우자 명의의 취득형태는 주로 소규모의 건물 위주로 부가세 환급이 필요하고, 임대료 조절이 필요한 경우에 채택이 되는 경향이 높다.

### (3) 법인 명의로 취득하는 경우

이는 가족법인의 명의의 형태로 메디컬 건물을 취득하는 것을 말한다. 이는 마치 앞의 가족이 취득한 것과 같은 구조로 임대가 진행되나, 그 내용에는 많은 차이가 있다. 우선 법인 명의의 장단점을 요약하면 다음과 같다.

| 장점 | 단점 |
|---|---|
| · 개인 임대보다 세율이 저렴하다.<br>· 임대료 조절이 쉽다.<br>· 건강보험료를 조절할 수 있다.<br>· 개인의 자금을 세 부담 없이 이용할 수 있다.<br>· 자녀 등에게 대물림을 쉽게 할 수 있다. | · 취득세 중과세의 문제가 있다.<br>· 주업이 임대업 법인은 성실신고제도, 접대비, 승용차비용 한도축소 등을 적용받는다.<br>· 부동산 과다보유법인에 대한 세법상의 규제를 받는다.<br>· 설립 및 청산 등의 절차를 밟아야 한다. |

법인은 비교적 규모가 큰 부동산을 취득할 때 시도되는 유형으로, 배우

자 명의의 장점을 그대로 누릴 수 있는 것 외에 저렴한 법인세율 및 대물림 등의 효과도 누릴 수 있는 장점이 있다. 다만, 법인의 부동산에 대해서는 이런저런 규제들이 상당히 많다. 따라서 법인을 선택하고자 할 때는 장점을 극대화하는 한편 단점을 최소화하는 전략이 필요하다.

☞ 앞의 내용을 보면 본인, 가족, 법인 명의 중 어떤 안이 좋을지 여부는 명확하지 않다. 주어진 상황에 따라 대안이 달라질 수 있기 때문이다. 따라서 독자들은 책의 전반을 통해 어떤 안이 좋을지 검토하는 것이 좋을 것으로 보인다.

## Tip 개인 및 법인과 세무상 쟁점 요약

| 구분 | 개인 | | 법인 |
|---|---|---|---|
| | 본인 명의 | 배우자 명의 | |
| 취득 | 자금출처조사 | | 취득세 중과세 |
| | 부가세 불공제 | – | |
| 보유 | 보유세 | | |
| 임대 | – | 적정임대료의 계산 | |
| | – | ·공동임대 시 지급 이자 불인정* ·건강보험료 추가 부담*** | 성실신고** |
| 양도 | 권리금 양도세 과세 | – | – |

\* 부동산 임대업을 2 이상의 개인이 공동으로 운영하는 경우 지급이자에 대한 비용 처리가 제한될 수 있다(4장 참조).

\*\* 개인의 경우에는 매출액(15억 원, 7.5억 원, 5억 원) 기준으로 성실신고확인제도를 적용하나, 법인은 주업이 임대업 법인이고 5인 미만의 상시근로자가 근무하면 이 제도가 적

용된다(9장 참조).

*** 건강보험료의 부담 관계는 다음과 같다.

| 구분 | | 사업장 가입 | 지역 가입 | 건강보험료 산정기준 | 보험료율 |
|---|---|---|---|---|---|
| 본인 명의 | 직원 ○ | ○ | – | 사업소득 | 7.09% |
| | 직원 × | – | ○ | (소득 + 재산 + 자동차* 점수) | 점수당 금액 |
| 배우자 명의 | 직원 ○ | ○ | – | 사업소득 | 7.09% |
| | 직원 × | – | ○ | (소득 + 재산 + 자동차* 점수) | 점수당 금액 |
| 법인 명의 | | ○ | – | 급여 | 7.09% |

* 2024년 3월부터 자동차 점수는 제외되었음.

# 본인 명의취득 시
# 실익 분석

메디컬 건물을 사업자 본인 명의로 취득한 경우 발생하는 세무상 쟁점을 정리해보자. 참고로 사업자 본인 명의로 취득하면 의사결정이 쉽고 모든 사업의 결과는 본인에게 귀속되지만, 부가세 환급이 되지 않거나 권리금이 양도소득에 포함되는 등의 한계가 있다.

## 1. 본인 명의취득이 적합한 경우

본인 명의취득이 적합한 경우는 다음과 같은 상황에서다.

· 소규모 건물을 취득하고자 하는 경우
· 배우자 명의로 취득 시 자금출처조사가 부담되는 경우
· 부가세 환급을 받을 수 있는 경우 등

## 2. 본인 명의와 세제의 특징

본인 명의로 메디컬 건물을 취득해 운영하는 경우에 세제는 다음과 같이 적용된다.

| 구분 | 내용 | 비고 |
|---|---|---|
| 취득 시 | 부가세 : 사업자 유형에 따라 환급 여부 결정 | |
| | 취득세 : 4.6% | · 일반과세 : 100% 환급<br>· 면세사업 : 100% 불환급<br>· 겸업 사업 : 과세비율만큼 환급 |
| 사용 시 | 보유세<br>· 감가상각비 계상<br>· 지급이자 계상 | · 감가상각비 계상<br>· 초과인출금 이자 검토 |
| 처분 시 | 부가세 : 사업자 유형에 따라 발생 여부 결정 | · 일반과세 : 발생(포괄양도 시 생략 가능)<br>· 면세사업 : 발생하지 않음.<br>· 겸업 사업 : 과세비율만큼 발생 |
| | 양도세 : 6~45% 등 | 건물양도 시 발생한 권리금은 양도소득에 해당 |

☞ 본인 명의로 취득 시 부가세 환급 여부가 중요하다.

## 3. 적용 사례

K씨는 현재 피부과를 운영 중이다. 다음 자료를 보고 물음에 답해보자.

[자료]
· 20 × 4년 매출 : 20억 원(면세매출은 5억 원임. 면세비율은 25%)
· 20 × 4년 비용 : 12억 원(임차료 1억 원 포함)
· 메디컬 건물 구입 예정임.

- 매입예정가액 : 25억 원(건물가액 10억 원, 부가세 1억 원 별도)
- 대출금액 : 15억 원(이자율 4%, 연간 이자 6,000만 원)

Q 1. K씨의 소득세는 얼마나 예상되는가? 자료상의 정보를 기초로 계산한다.

당기순이익은 8억 원이고 이에 42%의 세율과 3,594만 원의 누진공제를 적용하면 소득세만 3억 원 정도가 예상된다.

Q 2. K씨가 지급한 임차료에 대한 순현금유출액은 얼마인가?

임차료는 연간 1억 원을 지급했으나 이의 42%만큼 세금을 줄여주었기 때문에 순현금유출액은 다음과 같다.

· **임차료에 대한 순현금유출액 : 1억 원 − 4,200만 원 = 5,800만 원**

Q 3. 만일 이 건물을 구입한 경우 부가세는 환급이 가능한가?

건물 구입에 따른 부가세가 1억 원인데 이 중 과세비율만큼만 환급이 된다.

· **부가세 환급분 : 1억 원 × 과세비율(75%)=7,500만 원**

· **부가세 불환급분 : 2,500만 원**

Q 4. 만일 이 건물을 구입해 사업장으로 사용하면 임차료를 지급하지 않는 대신 감가상각비와 지급이자를 비용으로 처리할 수 있다. 얼마만큼 효과가 있는가?

| 구분 | | 임차 시 | 자가 건물 시 |
|---|---|---|---|
| 비용 | 임차료 | 1억 원 | – |
| | 감가상각비 | – | 2,562만 원* |
| | 지급이자 | – | 6,000만 원 |
| | 계 | 1억 원 | 8,562만 원 |
| 세율 | | 42% | 42% |
| 절세효과 | | 4,200만 원 | 3,597만 원 |

\* (건물가액 10억 원+부가세 불환급분 2,500만 원)/40년(가정)=25,625,000원

임차료 1억 원의 경우 4,200만 원의 절세효과가 발생하나, 자가 건물 시 3,597만 원이 발생한다. 따라서 둘의 차이는 약 600만 원 정도가 되어 전자가 더 유리하다. 다만, 현금유출 측면에서 보면 다른 결과가 도출될 수 있다. 예를 들어 전자의 경우 1억 원에서 4,200만 원을 차감하면 5,800만 원이 유출되나, 후자는 6,000만 원에서 3,597만 원을 차감하면 2,403만 원이 유출되기 때문이다.

〈추가분석〉

K씨는 보유한 현금 10억 원에 대해 4%의 수익을 올리던 중 대출 15억 원을 합해 25억 원짜리 건물을 구입했다고 하자. 이 경우 순현금유출액은 얼마나 되는가? 부가세는 제외한다.

| 구분 | 임차 | 자가 건물 |
|---|---|---|
| 임차료 | 1억 원 | – |
| 지급이자 | | 6,000만 원 |
| 기회비용 | | 4,000만 원 |
| 절세효과 | 4,200만 원 | 3,597만 원 |
| 순현금유출액 | 5,800만 원 | 6,403만 원 |

자가 건물의 경우 지급이자와 감가상각비에 따른 절세효과가 발생하나, 본인 자금에 대한 기회비용이 발생하므로 이를 현금유출에 포함해 분석해야 한다. 사례의 경우 기회비용을 고려했을 때 자가 건물로 인해 현금유출액이 600만 원(연)이 더 많다.

Q 5. 만일 이 건물을 10년 후에 양도해 세후 이익 5억 원을 얻었다고 하자. 이 경우 Q 4의 추가분석 현금유출액을 고려하면 얼마의 순이익을 얻은 결과가 될까?

세후 양도이익 5억 원에서 6,000만 원(600만 원×10년)을 차감하면 4억 4,000만 원의 순 현금유입 효과를 얻을 수 있다.

Q 6. 이 사례에서 얻을 수 있는 교훈은?

본인 명의로 사업장 명의를 정할 때는 부가세를 환급받을 수 있는지부터 확인하는 것이 좋다. 따라서 본인이 일반과세자인 경우로서 소규모 건물을 취득할 때에는 본인 명의로 취득할 수도 있을 것이다.

☞ 면세사업자는 건물취득에 따른 부가세를 환급받지 못하므로 될 수 있는 대로 본인 외 가족이나 법인 등의 명의로 건물취득을 하도록 한다. 참고로 과세업과 면세업을 겸업하는 사업자는 일부만 부가세 환급이 있다는 점을 참고해 명의를 정해야 한다.

# 배우자 명의취득 시
# 실익 분석

메디컬 건물을 배우자 등 가족 명의로 취득하는 경우는 주로 본인 명의로 취득할 때 발생하는 부가세를 전액 환급받는 한편 임대료 책정할 때 어느 정도 재량권을 가지고 싶을 때다. 다음에서 배우자 명의로 메디컬 건물을 취득할 때 발생할 수 있는 세무상 쟁점 등을 알아보자.

## 1. 배우자 명의취득이 적합한 경우

배우자 명의취득이 적합한 경우는 다음과 같은 상황에서다.

· 소규모 건물을 취득하고자 하는 경우

· 본인 사업자가 면세사업자에 해당해 부가세 환급을 받지 못한 경우

· 특수관계인 간 임대료를 융통성 있게 책정하고 싶은 경우

## 2. 배우자 명의와 세제의 특징

배우자 명의로 메디컬 건물을 취득해 운영하는 경우에 세제는 다음과 같이 적용된다.

| 구분 | 내용 | 비고 |
|------|------|------|
| 취득 시 | 부가세 : 환급 가능 | 일반과세자에 한함. |
| | 취득세 : 4.6% | |
| 임대 시 | 보유세 | |
| | · 감가상각비 계상<br>· 지급이자 계상 | · 특수관계인 간의 임대차계약 검토<br>· 감가상각비 계상<br>· 초과인출금 이자 검토 |
| 처분 시 | 부가세 : 발생 | · 일반과세 : 발생(포괄양도 시 생략 가능) |
| | 양도세 : 6~45% 등 | 권리금은 양도소득에 포함하지 않음. |

☞ 배우자 등 가족 명의로 메디컬 건물을 취득한 경우 본인 명의취득에 비해 부가세 환급을 확실히 받을 수 있고 사업자 본인이 받은 권리금은 기타소득으로 저렴하게 과세받을 수 있는 점 등이 이점이 된다. 여기에 더해 특수관계인인 사업자에게 임대를 융통성 있게 할 수 있다는 점도 장점이 된다. 그러나 임대업 추가로 인한 관리비용이나 건강보험료 등이 다소 증가하는 점은 단점이 된다. 이 외에도 자금출처조사와 같은 위험이 있다는 것도 단점이 된다.

## 3. 적용 사례

K씨는 현재 피부과를 운영 중이다. 그는 메디컬 건물을 배우자의 명의로 취득한 후 이를 임대받고자 한다. 다음 자료를 보고 물음에 답해보자.

- 20×4년 매출 : 20억 원(면세매출은 5억 원임. 면세비율은 25%)
- 20×4년 비용 : 12억 원(임차료 1억 원 포함)
- 메디컬 건물 구입 예정임.
  - 매입예정가액 : 25억 원(건물가액 10억 원, 부가세 1억 원 별도)
  - 대출금액 : 15억 원(이자율 4%, 연간 이자 6,000만 원)

Q 1. K씨의 소득세는 얼마나 예상되는가? 자료상의 정보를 기초로 계산한다.

당기순이익은 8억 원이고 이에 42%의 세율과 3,594만 원의 누진공제를 적용하면 소득세만 3억 원 정도가 예상된다.

Q 2. K씨가 지급한 임차료에 대한 순 현금유출액은 얼마인가?

임차료는 연간 1억 원을 지급했으나 이의 42%만큼 세금을 줄여주었기 때문에 순 현금유출액은 다음과 같다.

- **임차료에 대한 순 현금유출액 : 1억 원 − 4,200만 원 = 5,800만 원**

Q 3. 만일 이 건물을 배우자가 구입한 경우 부가세는 환급이 가능한가?

배우자가 일반과세자로 등록하면 전액 환급이 가능하다.

Q 4. 만일 배우자가 취득해 이를 K씨에게 1억 원에 임대하면 K씨는 세금이 달라지는가?

그렇지 않다. K씨로서는 임차료가 변동이 없기 때문이다.

Q 5. 배우자는 이 건물을 1억 원에 임대한 결과 임대소득세를 얼마나 내야 할까? K씨의 기타비용은 1,500만 원이라고 하자.

| 구분 | 금액 | 비고 |
|---|---|---|
| 임대수입 | 1억 원 | |
| − 감가상각비 | 2,500만 원 | 10억 원/40년 |
| − 지급이자 | 6,000만 원 | |
| − 기타 | 1,500만 원 | 자료상 가정 |
| = 임대이익 | 0원 | |
| − 기본공제 | 150만 원 | |
| = 과세표준 | 0원 | |
| × 세율 | 6~45% | |
| = 산출세액 | 0원 | |

[돌발퀴즈] K씨의 배우자는 건강보험료를 별도로 내야 할까?

그렇다. 사업자등록이 되어 있고 소득이 발생하면 지역에서 별도로 보험료가 고지된다.

Q 6. 이 사례에서 얻을 수 있는 교훈은?

배우자 명의로 사업장 명의를 정할 때는 다음과 같은 내용을 검토하는 것이 좋을 것으로 보인다.

· 부가세를 환급받을 수 있다.

· 특수관계인 간에 임대차 시에는 시가에 맞춰 임대차계약을 맺도록 한다.

· 임대사업자에 대해서는 별도로 건강보험료가 부과될 수 있다.

· 취득자금에 대한 자금출처조사의 문제가 있을 수 있다.

## Tip 본인 명의와 배우자 명의의 장단점 비교

| 구분 | 본인 명의 | 배우자 명의 |
|------|-----------|-------------|
| 장점 | · 지급이자 등 비용 처리<br>· 자금조달이 용이 | · 취득 시 부가세 환급<br>· 임대료 조절이 용이 |
| 단점 | · 취득 시 부가세 불환급(면세업)<br>· 임대료 조절이 불가능<br>· 사업양도 시 권리금 양도소득으로 과세 | · 임대사업자로서의 협력 의무(관리비용 증가)<br>· 건강보험료 부담<br>· 자금출처조사의 부담 |

# 영리법인(가족법인) 명의취득 시
# 실익 분석

메디컬 건물을 영리법인 명의로 취득하는 경우 앞의 배우자 명의처럼 부가세를 환급받을 수 있고 특수관계인에 대한 임대료도 어느 정도 조절할 수 있다. 그리고 더 나아가 자산관리 측면에서도 유용성이 많다. 다음에서 이에 대해 알아보자.

## 1. 영리법인 명의취득이 적합한 경우

영리법인 명의취득이 적합한 경우는 다음과 같은 상황에서다.

· 규모가 있는 건물을 취득하고자 하는 경우

· 본인 사업자가 면세사업자에 해당해 부가세 환급을 받지 못한 경우

· 특수관계인 간 임대료를 융통성 있게 책정하고 싶은 경우

· 법인을 키워 자산관리를 지속해서 하고 싶은 경우(자본축적을 통해 메디컬 빌딩을 신축하고자 하는 경우 등)

· 가족 등에게 대물림을 하고 싶은 경우

· 상속과 증여에 대해 대비하고 싶은 경우 등

☞ 영리법인은 배우자 명의에서 본 효과 외에도 다양한 효과를 누릴 수 있는 장점이 있다.


## 2. 법인 명의와 세제의 특징

법인 명의로 메디컬 건물을 취득해 운영하는 경우에 세제는 다음과 같이 적용된다.


### (1) 법인의 세제

| 구분 | 내용 | 비고 |
|---|---|---|
| 취득 시 | 부가세 : 환급 가능 | |
| | 취득세 : 4.6~9.14% | 대도시* 내 법인은 중과세가 적용될 수 있음. |
| 사용 시 | 보유세 | |
| | · 감가상각비 계상<br>· 지급이자 계상 | |
| 처분 시 | 부가세 : 발생 | 일반과세 : 발생(포괄양도 시 생략 가능) |
| | 법인세 : 9~24% | 배당 시 별도 소득세 발생 |

\* 수도권 과밀억제권역을 말한다.

☞ 법인 명의의 경우 저렴한 법인세 외에도 건강보험료를 조절할 수 있고(대표이사의 급여를 조절하면 되므로), 자녀에게 배당 등을 통한 대물림도 가능하다는 점 등이 장점에 해당한다. 이외 법인을 통해 자본을 축적해두면 상속이나 증여의 측면에서도 효과를 누릴 수 있다. 더 나아가 법인을 경영지

원회사(MSO*)로 운영할 수 있는 등의 장점도 있다. 다만, 상법과 세법 등에서 이에 대한 규제가 상당히 많다는 단점이 있다.

\* 이에 대한 자세한 내용은 저자의 《병의원 세무 가이드북》을 참조하기 바란다.

### (2) 주주의 세제

법인의 주주에 대해서는 다음과 같은 세제가 적용된다.

| 구분 | 세목 | 비고 |
|---|---|---|
| 배당을 받을 때 | 배당소득세<br>(14% 원천징수) | 금융소득이 2,000만 원 초과 시 종합과세 |
| 주식의 양도,<br>상속, 증여 시 | 양도세, 상속세,<br>증여세 | 법인을 통해 주주가 간접적으로 이익을 보면 주주에게 증여세가 부과됨.* |

\* 예를 들어 아버지가 자녀의 법인에 5억 원을 증여하면 먼저 법인에 대해 9~24%로 법인세를 과세한 다음, 법인의 주주인 자녀에게 5억 원(법인세 상당액은 차감. 이중과세 방지)에 대해 증여세를 부과한다(상증법 제45조의 5 참조).

## 2. 적용 사례

K씨는 현재 피부과를 운영 중이다. 그는 가족법인을 설립한 후 이 법인의 명의로 메디컬 건물을 취득한 후 이를 임대받고자 한다. 다음 자료를 보고 물음에 답해보자.

[자료]
· 20×4년 매출 : 20억 원(면세매출은 5억 원임. 면세비율은 25%)
· 20×4년 비용 : 12억 원(임차료 1억 원 포함)
· 메디컬 건물 구입 예정임.

- 매입예정가액 : 25억 원(건물가액 10억 원, 부가세 1억 원 별도)
- 대출금액 : 15억 원(이자율 4%, 연간 이자 6,000만 원)

Q 1. 만일 이 건물을 법인 명의로 구입한 경우 부가세는 환급이 가능한가?

임대법인은 무조건 일반과세자로 등록해야 하므로 전액 환급이 가능하다.

Q 2. 만일 법인이 취득해 이를 K씨에게 1억 원에 임대하면 K씨는 세금이 달라지는가?

그렇지 않다. K씨로서는 임차료가 변동이 없기 때문이다.

Q 3. 법인은 이 건물을 1억 원에 임대한 결과 법인세를 얼마나 내야 할까? 법인의 기타비용은 1,500만 원이라고 하자.

| 구분 | 금액 | 비고 |
|---|---|---|
| 임대수입 | 1억 원 | |
| − 감가상각비 | 2,500만 원 | 10억 원/40년 |
| − 지급이자 | 6,000만 원 | |
| − 기타 | 1,500만 원 | 자료상 가정 |
| = 임대이익 | 0원 | |
| − 이월결손금 | 0원 | |
| = 과세표준 | 0원 | |
| × 세율 | 9~24% | |
| = 산출세액 | 0원 | |

[돌발퀴즈] 법인의 대표이사나 주주는 건강보험료를 내야 할까?

근로소득을 받거나 배당을 받지 않는 한 건강보험료를 내지 않는다. 이 점이 법인의 장점 중 하나가 된다.

Q 4. 위 임대법인의 주주는 K씨 25%, K씨 배우자 25%, 자녀2 50%로 구성되어 있다. 이들이 배당을 받으면 어떤 기준으로 받게 되는가?

자기의 지분율에 맞게 배당을 받게 된다.

Q 5. 이 사례에서 얻을 수 있는 교훈은?

법인 명의로 사업장 명의를 정할 때는 다음과 같은 내용을 검토하는 것이 좋을 것으로 보인다.

· 법인으로 건물을 취득하면 부가세를 환급받을 수 있다.
· 특수관계인 간에 임대차 시에는 어느 정도 자유롭게 임대차계약을 할 수 있다.
· 법인의 소득에 대해서는 저렴한 법인세를 낼 수 있다.
· 법인의 잉여금은 주주의 지분율에 따라 배당을 할 수 있다.

## Tip 개인임대업과 법인임대업의 세제상의 차이

| 구분 | 개인임대업 | 법인임대업 | 비고 |
|---|---|---|---|
| 취득세 | 4.6% | 좌동 + 중과세 | 차이 있음. |
| 부가세 | · 징수 : 10%<br>· 환급 : 가능 | 좌동 | 차이 없음. |
| 보유세 | · 재산세<br>· 종부세 | 좌동 | 차이 없음. |
| 임대소득세/법인세 | 소득세 6~45% | 법인세 9~24% | 차이 있음. |
| 양도세/법인세 | 양도세 6~45% 등 | 법인세 9~24% | 차이 있음. |

## [절세 탐구]
## 명의선택은 어떻게 하는 것이 좋을까(종합 결론)?

지금까지 내용을 살펴봤더라도 메디컬 건물에 대한 명의를 어떤 식으로 정하는 것이 좋을지 이에 관한 판단이 잘 서지 않을 수 있다. 모든 상황에 맞는 딱 하나의 방법이 있는 것은 아니기 때문이다. 이러한 상황에서는 다음과 같은 요소들을 고려해 최적 안을 선택하는 것이 좋을 것으로 보인다. 만일 선택에 어려움이 있다면 저자의 카페에 문의해도 된다.

· 부가세가 환급되는가?
· 가족 간 임대료 조절이 필요한가?
· 소규모 건물인가?
· 자녀에게 대물림이 필요한가?
· 법인세 절세가 필요한가?


이러한 기준을 도표로 표현하면 다음과 같다.

| | | |
|---|---|---|
| 부가세가 발생하는가? | ▶ NO | 본인 명의취득 가능 |

▼ YES

| | | |
|---|---|---|
| 부가세 환급이 필요한가? | ▶ NO | 본인 명의취득 가능 |

▼ YES

| | | |
|---|---|---|
| 가족 간 임대료 조절이 필요한가? | ▶ NO | 본인 명의취득 가능 |

▼ YES

| | | |
|---|---|---|
| 소규모 건물인가? | ▶ YES | 배우자 명의취득 |

▼ NO

| | | |
|---|---|---|
| 자녀에게 대물림이 필요한가? | ▶ YES | 법인 명의취득 |

▼ NO

| | | |
|---|---|---|
| 법인세 절세가 필요한가? | ▶ NO | 배우자 또는 법인 명의취득 |

▼ YES

| |
|---|
| 법인 명의취득 |

☞ 일반적으로 본인 〉가족 〉법인의 순으로 세무의 복잡성이 증대된다. 물론 효익도 이에 비례하는 경향이 높다.

# 7장

## 본인 명의로
## 운영하는 경우의
## 세무 처리법

# 본인 명의취득과
# 세무상 쟁점

앞 장에서 검토한 것처럼 메디컬 건물을 본인 명의로 취득한 때도 있다. 예를 들어 면세사업자가 양도하는 건물은 부가세가 없으므로 이 경우 본인이 취득해도 큰 문제는 없다. 다음에서는 이러한 관점에서 메디컬 건물을 본인이 취득해 이를 자신의 사업장으로 운영하는 경우의 세무상 쟁점 등을 정리해보자.

## 1. 본인 명의로 취득한 경우의 세무상 쟁점

메디컬 건물을 본인 명의로 취득한 경우의 세무상 쟁점을 거래단계별로 정리하면 다음과 같다.

| 구분 | 내용 | 세무상 쟁점 |
|------|------|-------------|
| 취득 시 | · 취득세<br>· 부가세<br>· 취득가액 결정 | · 부가세 환급 여부<br>· 취득가액 장부에 적정 계상 |
| 사용 시 | · 감가상각비<br>· 종합소득세<br>· 건강보험료 | · 감가상각 의사결정 |
| 양도 시 | · 부가세<br>· 양도세 | · 부가세 발생 여부<br>· 권리금 포함 여부 |

첫째, 취득 시에는 부가세 환급 여부가 쟁점이 된다.

건물을 양도하는 사업자가 일반과세자면 건물가액의 10% 상당액을 매수자로부터 징수하게 된다. 그런데 이때 매수자가 부담하는 부가세는 매수자의 사업자 유형에 따라 환급 여부가 달라진다.

· **매수자가 일반과세자이면 → 환급을 받을 수 있다.**
· **매수자가 면세사업자이면 → 환급을 받을 수 없다.**

한편 건물을 취득할 때에는 토지와 건물의 가액을 정확히 구분해 장부에 반영해야 향후 세무 처리가 원활히 이루어진다.

둘째, 사용 시에는 감가상각할 것인지 등에 대한 의사결정을 해야 한다.

감가상각비를 계상해 손익에 반영하면 당장 임대소득세를 줄일 수 있으나, 향후 이를 양도할 때 감가상각 누계액이 취득가액에서 차감되므로 양도세가 증가할 수 있다.

셋째, 양도 시에는 크게 부가세와 양도세 과세문제가 발생한다.

이중 부가세는 사업자의 유형에 따라 다음과 같이 징수 여부가 결정된다.

| 구분 | 부가세 징수의무 | 세금계산서 교부 |
|---|---|---|
| 일반과세자* | ○(건물가액의 10%) | · 원칙 : 있음.<br>· 예외 : 포괄양수도계약 시 생략 가능 |
| 면세사업자 | × | 없음. |
| 과세와 면세 겸업 사업자 | · 과세분은 부가세 징수<br>· 면세분은 부가세 부징수 | |

* 간이과세자는 건물가액의 4% 상당액을 부가세로 납부해야 한다. 한편 이들은 세금계산서를 발급할 수 없다.

한편 양도세의 경우 양도세 계산구조에 따라 이를 계산하면 족하나, 사업의 양도를 하면서 받은 권리금에 대해서는 특히 유의해야 한다. 부가세와 양도세 문제가 동시에 발생하기 때문이다.

☞ 본인 명의로 취득 시 일반과세자가 되어야 부가세 환급을 받을 수 있다는 점에 유의해야 한다.

## 2. 적용 사례

K씨는 병의원을 운영 중이다. 다음 자료를 보고 물음에 답해보자.

[자료]
· 1년간의 수입 : 5억 원
· 메디컬 건물가액 : 10억 원(건물가액 5억 원, 부가세 5,000만 원 별도)

Q 1. K씨가 일반과세자인 경우라면 건물취득에 따른 부가세는 환급

이 가능한가?

그렇다. 일반과세자는 건물의 취득과 관련된 부가세는 환급이 가능하다.

Q 2. K씨가 면세사업자라면 건물취득에 따른 부가세는 환급이 가능한가?

그렇지 않다. 면세사업자는 건물의 취득과 관련된 부가세는 환급이 가능하지 않다.

Q 3. K씨는 과세와 면세가 동시에 발생하는 병과를 운영하고 있다. 과세와 면세의 비율이 5 : 5라면 건물취득에 따른 부가세는 얼마나 환급이 가능한가?

5,000만 원의 절반 정도 환급을 받을 수 있다.

Q 4. 사업자 본인 명의로 건물을 취득할 때 발생한 부가세를 환급받기 위한 조건은 무엇인가?

일단 매수자는 일반과세자가 되어야 하고 매도자로부터 세금계산서를 받아야 한다.

Q 5. 병의원 업종에서 부가세가 과세되는 진료용역에는 어떤 것들이 있는가?

이에는 성형수술 등이 해당한다. 3장을 참조하기 바란다.

## Tip 면세사업자와 일반과세자의 건물취득 시 현금흐름 분석

(단위 : 원)

| 구분 | 공급가액 | 부가세 | 계 |
|---|---|---|---|
| 건물분양가 | 500,000,000 | 50,000,000 | 550,000,000 |
| 구분 | 면세사업자 | 과세사업자 | |
| 분양가액 | 550,000,000 | 550,000,000 | |
| 부가세 환급 | – | 50,000,000 | |
| 취득가액(감가상각) | 550,000,000 | 500,000,000 | |
| 세율(가정) | 38.5% | 38.5% | |
| 절세효과 | 211,750,000 | 192,500,000 | |
| 현금유출 | 338,250,000 | 307,500,000 | 30,750,000 |
| 비고 | – | – | (과세사업자 유리) |

# 본인이 일반과세자인 경우의
# 세무 처리법

앞에서 살펴본 사업자 유형 중 사업자가 일반과세자인 경우의 세무 처리법을 정리해보자. 이 경우에는 부가세 환급이 가능하므로 면세사업자보다 현금흐름이 좋다.

## 1. 일반과세자와 세무 처리법

| 구분 | 내용 | 비고 |
|------|------|------|
| 취득 시 | · 취득세 : 4.6%<br>· 부가세 : 환급 가능<br>· 취득가액 : 토지와 건물가액의 안분 | |
| 사용 시 | · 감가상각비<br>· 종합소득세<br>· 건강보험료 | |
| 양도 시 | · 부가세 : 발생 원칙<br>· 양도세 : 권리금은 양도소득에 포함 | · 포괄양수도계약 시 부가세<br>생략 가능 |

☞ 일반과세자가 취득한 경우에는 부가세 환급을 받을 수 있는 장점이

있다. 다만, 가족 명의처럼 임차료 조절을 할 수 없다.

## 2. 적용 사례

사례를 통해 일반과세자의 세무 처리법을 정리해보자. K씨의 다음 자료를 보고 물음에 답해보자.

[자료]
· 건물 취득가액 : 토지 5억 원, 건물 5억 원(부가세 별도)
· 감가상각비 : 연간 1,250만 원(누계액 1억 원)
· 양도 예상가액 : 15억 원(일괄공급)
· 기준시가 : 토지 6억 원, 건물 2억 원
· 보유기간 : 10년

Q 1. 건물취득 당시의 재무상태표상 건물표시는?

| 자산 | 부채 |
|---|---|
| 유형자산<br>　토지 5억 원<br>　건물 5억 원 | 자본 |

사업에 사용되는 건물은 유형자산 중 토지와 건물로 구분해 표시한다. 건물에 대해서만 감가상각을 적용할 수 있으므로 이처럼 구분해야 한다.

Q 2. 이 건물의 장부가액은 얼마인가?

장부가액은 장부상에 남아 있는 금액으로 통상 취득가액에서 감가상각 누계액을 차감해서 계산한다.

당초 취득가액은 10억 원이고 감가상각 누계액이 1억 원이므로 장부가액은 9억 원이 된다.

Q 3. 이 건물을 15억 원에 양도하면 양도차익은 얼마인가?

양도가액이 15억 원이고 취득가액에서 감가상각비를 차감한 금액이 9억 원이므로 6억 원이 양도차익이 된다.

Q 4. 이 건물을 15억 원에 양도하면 부가세는 어떤 식으로 계산되는가?

토지와 건물의 가액 구분 없이 일괄공급하면 감정평가비율, 기준시가 비율로 안분해 토지와 건물의 가액을 구분해야 한다. 사례는 기준시가로 안분하기로 한다.

· 토지가액 : 15억 원 × (6억 원 / 8억 원) = 11억 2,500만 원
· 건물가액 : 15억 원 × (2억 원 / 8억 원) = 3억 7,500만 원

따라서 부가세는 건물가액의 10%인 3,750만 원이 된다.

Q 5. 이 건물의 매수자가 일반과세자면 포괄양수도계약을 맺어 부가세 없이 처리하고 싶어 한다. 이를 위해서는 어떻게 해야 하는가?

부동산과 함께 본인의 사업 자체를 그대로 매수자한테 넘겨줘야 부가세 없이 처리할 수 있다. 그게 아니라면 부가세를 징수해 납부해야 한다.

Q 6. 매수자는 병의원 면세사업자에 해당해 부가세 환급이 불가능하다. 그래서 매수자는 15억 원 중 건물가액을 1억 원으로 구분해달라고

한다. 이에 응하면 어떤 결과가 나올까?

세법은 계약당사자가 토지와 건물의 가액을 임의로 구분하는 것을 인정한다. 하지만 부가세를 부당하게 내지 않는 것을 방지하기 위해 임의기재한 금액이 기준시가로 안분한 것과 30% 이상 차이가 나면 이를 인정하지 않고 기준시가로 구분한 금액을 토지와 건물의 가액으로 보도록 하고 있다.

· **기준시가로 안분한 건물가액 : 3억 7,500만 원**

· **임의로 기재 요청한 건물가액 : 1억 원**

3억 7,500만 원의 70%는 2억 6,250만 원이고 임의구분 기재한 금액이 이 금액을 넘어야 하는데 사례는 1억 원에 해당하므로 이를 인정받지 못하게 된다.

☞ 그 결과 임의기재한 금액과 세법상의 금액과의 차액에 대해 부가세 추징이 발생할 수 있다.

Q 7. 사례의 양도세는 얼마인가? 기본공제는 적용하지 않는다.

| 구분 | 토지 | 건물 | 계 |
|---|---|---|---|
| 양도가액 | 11억 2,500만 원 | 3억 7,500만 원 | 15억 원 |
| − 취득가액 (감가상각비) | 5억 원 5억 원 | 5억 원 (1억 원) 4억 원 | 9억 원 |
| = 양도차익 | 6억 2,500만 원 | − 2,500만 원 | 6억 원 |
| − 장기보유특별공제 (20%) | 1억 2,500만 원 | − | 1억 2,500만 원 |
| = 과세표준 | | | 4억 7,500만 원 |
| × 세율 | | | 40% |
| − 누진공제 | | | 2,594만 원 |
| = 산출세액 | | | 1억 6,406만 원 |

# 본인이 면세사업자인 경우의
# 세무 처리법

앞에서 본 사업자 유형 중 사업자가 면세사업자인 경우의 세무 처리법을 정리해보자. 이 경우에는 부가세 환급이 가능하지 않으므로 현실적으로 자주 볼 수 없는 유형에 해당한다.

## 1. 면세사업자와 세무 처리법

| 구분 | 내용 | 비고 |
|------|------|------|
| 취득 시 | · 취득세 : 4.6%<br>· 부가세 : 환급 불가<br>· 취득가액 : 토지와 건물가액의 안분 | · 취득원가에 포함 |
| 사용 시 | · 감가상각비<br>· 종합소득세<br>· 건강보험료 | |
| 양도 시 | · 부가세 : 발생하지 않음.<br>· 양도세 : 권리금은 양도소득에 포함 | |

☞ 면세사업자가 취득한 경우에는 부가세 환급을 받을 수 없으며, 가족 명의처럼 임차료 조절을 할 수 없다.

## 2. 적용 사례

사례를 통해 면세사업자의 세무 처리법을 정리해보자. K씨의 다음 자료를 보고 물음에 답해보자.

[자료]
· 건물 취득가액 : 토지 5억 원, 건물 5억 원(부가세 별도)
· 감가상각비 : 연간 1,375만 원(누계액 1억 원)
· 양도 예상가액 : 15억 원(일괄공급)
· 기준시가 : 토지 6억 원, 건물 2억 원
· 보유기간 : 10년

Q 1. 건물취득 당시의 재무상태표상 건물표시는?

| 자산 | 부채 |
| --- | --- |
| 유형자산 | |
| 토지 5억 원 | 자본 |
| 건물 5억 5,000만 원* | |

* 환급받지 못한 부가세는 취득원가에 반영된다.

Q 2. 이 건물의 장부가액은 얼마인가?

장부가액은 장부상에 남아 있는 금액으로 통상 취득가액에서 감가상각 누계액을 차감해서 계산한다.

당초 취득가액은 10억 5,000만 원이고 감가상각 누계액이 1억 원이므로 장부가액은 9억 5,000만 원이 된다.

Q 3. 이 건물을 15억 원에 양도하면 양도차익은 얼마인가?

양도가액이 15억 원이고 취득가액에서 감가상각비를 차감한 금액이 9억 5,000만 원이므로 5억 5,000만 원이 양도차익이 된다.

☞ 이 경우 양도세는 다음과 같이 예상된다. 단, 이는 토지와 건물가액을 구분하지 않고 계산한 것으로 실제와는 다소 차이가 날 수 있다.

양도차익 : 5억 5,000만 원

− 장기보유특별공제(20%) : 5억 5,000만 원×20% = 1억 1,000만 원

= 소득금액(과세표준) : 4억 4,000만 원

× 세율 40%(누진공제 2,594만 원)

= 산출세액 : 1억 5,006만 원

Q 4. 이 건물을 15억 원에 양도하면 부가세는 어떤 식으로 계산되는가?

면세사업자가 양도하는 건물에 대해서는 부가세가 발생하지 않는다.

면세사업자가 환급받지 못한 부가세는 취득원가를 구성하게 된다. 따라서 향후 양도세 계산 시 양도차익을 줄이는 역할을 하게 된다. 예를 들어 건물공급가액이 1억 원이고 부가세가 1,000만 원인 상황에서, 양도가액이 2억 원인 경우 세금지출액을 계산하면 다음과 같다. 단, 세율은 6~45%를 적용하고 나머지 사항은 무시한다.

| 구분 | | 일반과세자 | 면세사업자 |
|---|---|---|---|
| 부가세 지출 | | – | 1,000만 원 |
| 양도세 지출 | 양도가액 | 2억 원 | 2억 원 |
| | – 취득가액 | 1억 원 | 1억 1,000만 원 |
| | = 양도차익 | 1억 원 | 9,000만 원 |
| | × 세율 | 35% | 35% |
| | – 누진공제 | 1,544만 원 | 1,544만 원 |
| | = 산출세액 | 1,956만 원 | 1,606만 원 |
| 총지출 | | 1,956만 원 | 2,606만 원 |

사례의 경우 면세사업자의 총지출액이 좀 더 커 보인다. 이는 면세사업자는 부가세 환급을 받지 못한 영향이 크기 때문이다. 참고로 면세사업자가 환급받지 못한 부가세는 취득원가를 구성하므로 추후 양도세를 일부 줄이는 역할을 하게 된다.

사업자가 본인이 영위하고 있는 사업 자체를 양도하면서 권리금을 받을 수 있다. 이때 부가세 과세 여부와 권리금에 대한 양도세 과세방식에도 관심을 둘 필요가 있다. 다음에서는 사례를 통해 권리금에 대한 양도세 과세 문제에 대해 알아보자.

〈사례〉

K병의원의 사례를 통해 사업양수도 시 발생하는 권리금에 대한 세무상 쟁점 등을 알아보자.

Q 1. 권리금의 소득 종류는?

세법은 부동산과 함께 양도하는 영업권(권리금)은 양도소득으로 본다. 하지만 부동산과 관계없이 받는 권리금은 기타소득(필요경비 60% 인정)으로 본다. 사례의 경우는 건물과 함께 사업을 양도해 받은 권리금은 양도소득에 해당한다.

Q 2. K병의원 사업자는 본인의 사업과 건물을 그대로 포괄양수도 하기로 했다. 이때 건물가액은 15억 원으로 권리금은 5억 원으로 하기로 했다. 양도세는 얼마가 나올까? 참고로 취득가액은 편의상 10억 원으로

하고, 장기보유특별공제율은 10%를 적용한다.

부동산과 함께 양도하는 영업권의 대가는 양도소득으로 본다. 따라서 이 경우 다음과 같이 양도세 계산을 해야 한다. 참고로 표의 부동산의 산출세액은 부동산에 대해서만 양도세를 계산한 것으로 참고용에 해당한다.

| 구분 | 부동산* | 영업권 | 계 |
|---|---|---|---|
| 양도가액 | 15억 원 | 5억 원 | 20억 원 |
| − 취득가액 | 10억 원 | 0원 | 10억 원 |
| = 양도차익 | 5억 원 | 5억 원 | 10억 원 |
| − 장기보유특별공제 (10%) | 5,000만 원 | 0원 | 5,000만 원 |
| = 과세표준 | 4억 5,000만 원 | 5억 원 | 9억 5,000만 원 |
| × 세율 | 40% | | 42% |
| − 누진공제 | 2,594만 원 | | 3,594만 원 |
| = 산출세액 | 1억 5,406만 원** | | 3억 6,306만 원*** |

\* 메디컬 건물의 경우 토지와 건물의 가액으로 구분해 양도차익을 계산하는 것이 원칙이다.
\*\* 부동산에 대해서만 양도세가 과세되는 경우의 산출세액을 말한다.
\*\*\* 이외 양도세의 10%가 지방소득세로 부가된다.

Q 3. 만일 영업권(권리금)을 기타소득으로 처리하면 늘어나는 기타소득세와 줄어드는 양도세는? 기타소득에 적용되는 세율은 40%를 적용한다.

① 기타소득 처리로 늘어나는 소득세 : 5억 원 × (1 − 필요경비율 60%) × 40%(세율) = 8,000만 원

② 줄어드는 양도세 : 2억 900만 원(3억 6,306만 원 − 1억 5,406만 원)

☞ 권리금이 기타소득으로 처리되면 필요경비율이 60% 되나, 양도소득으로 처리되면 필요경비가 거의 없고 장기보유특별공제도 적용되지 않아

권리금에 대한 소득세 부담이 증가한다.

Q 4. 이 추가분석에서 얻을 수 있는 교훈은?

병의원 사업자가 건물을 소유한 상태에서 사업 자체를 양도하면 권리금이 양도소득에 포함되므로 그렇지 않은 경우에 비해 양도세 부담이 많아진다.

☞ 이러한 이유로 메디컬 건물은 본인이 아닌 배우자 등의 명의로 취득하는 안이 추천된다.

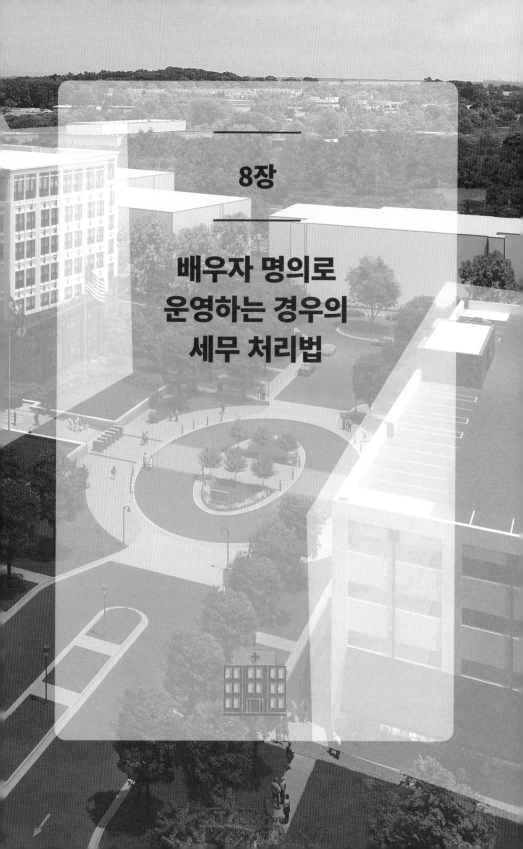

8장

배우자 명의로
운영하는 경우의
세무 처리법

# 배우자 명의취득과
# 세무상 쟁점

분양하는 상가 등을 배우자 명의로 취득해 이를 사업자인 남편에게 임대하는 방식으로 운영하는 경우의 세무상 쟁점 등을 정리해보자. 이때 배우자는 부동산 임대사업자의 권한과 의무를 동시에 가지게 된다.

## 1. 배우자 명의로 취득한 경우의 세무상 쟁점

메디컬 건물을 배우자 명의로 취득한 경우의 세무상 쟁점을 본인 명의와 비교하는 식으로 정리하면 다음과 같다.

| 구분 | 내용 | 개인 | |
|---|---|---|---|
| | | 본인 명의 | 배우자 명의 |
| 취득 시 | ·취득세<br>·부가세<br>·취득가액 결정 | ·4.6%<br>·환급 : 0~100% | ·좌동<br>·100% 환급 |

| 구분 | 내용 | 개인 | |
|------|------|------|------|
| | | 본인 명의 | 배우자 명의 |
| 사용 시 | · 감가상각비<br>· 임대료<br>· 종합소득세<br>· 건강보험료 | · 감가상각 의사결정<br>· 없음.<br>· 본인의 사업업종<br>· 본인에게만 부과 | · 좌동<br>· 발생<br>· 임대업<br>· 배우자 부담 |
| 양도 시 | · 부가세<br>· 양도세 | · 발생 : 0∼100%<br>· 권리금 양도소득 | · 100% 발생*<br>· 권리금 무관 |

\* 포괄양수도계약 시는 생략 가능

첫째, 취득세는 일반과세가 적용된다.

개인이 건물을 취득하면 무조건 일반과세가 적용된다. 세율은 4.6%가 적용된다.

둘째, 취득 시의 부가세는 환급된다.

건물을 양도하는 사업자가 일반과세자면 건물가액의 10% 상당액을 매수자로부터 징수하게 된다. 그런데 이때 매수자가 부담한 부가세는 매수자의 사업자 유형에 따라 환급 여부가 달라진다.

· 매수자가 일반과세자이면 → 환급을 받을 수 있다.

· 매수자가 간이과세자이면 → 환급을 받을 수 없다.

한편 건물을 취득할 때에는 토지와 건물의 가액을 정확히 구분해 장부에 반영해야 향후 세무 처리가 원활하게 이루어진다.

셋째, 임대 시에는 임대료 책정과 관련된 내용에 관심을 둬야 한다.

특수관계인 간에 임대차계약이 시가와 차이가 난 경우에는 부당행위계산제도가 적용되기 때문이다.

☞ 특수관계인 간에 임대차계약 시 계약대로 자금이 수수되어야 한다.

넷째, 양도 시에는 크게 부가세와 양도세 과세문제가 발생한다.

이중 부가세는 사업자의 유형에 따라 다음과 같이 징수 여부가 결정된다.

| 구분 | 부가세 징수의무 | 세금계산서 교부 |
|------|----------------|-----------------|
| 일반과세자 | ○(건물가액의 10%) | · 원칙 : 있음.<br>· 예외 : 포괄양수도계약 시 생략 가능 |
| 간이과세자 | × | 없음. |

## 2. 적용 사례

K씨는 일반과세자로 다음의 건물을 취득해 임대하고자 한다. 물음에 답해보자.

[자료]
· 총매입가 : 10억 원
· 매입 부가세 : 5,000만 원
· 월 임대료 : 500만 원
· 임대보증금 : 1억 원(간주임대료율 3.5%)

Q 1. 부가세 환급을 빨리 받으려면 어떻게 해야 하는가?

매월, 매 2월, 분기별로 다음 달 25일까지 조기환급신청을 하면 된다. 이를 적법하게 신청하면 신청기한의 다음 날로부터 15일 내로 환급을 받을 수 있다.

Q 2. 월세와 임대보증금액에 대한 부가세는 얼마인가? 편의상 1년을 기준으로 한다.

· 월세 : (500만 원×12개월)×10%=600만 원

· 보증금 : 1억 원×3.5%×10%=35만 원

· 계 : 635만 원

[돌발퀴즈] 거래상대방이 일반과세자면 매입세액공제로 받을 수 있는 금액은?

세금계산서가 발급되는 월세에 대한 부가세인 600만 원만 매출세액에서 공제를 받을 수 있다. 참고로 보증금에 대한 간주임대료에 대해서는 세금계산서를 발급할 수 없다.

Q 3. K씨는 5년 후 이 건물을 15억 원에 양도했다. 이 경우 부가세는 어떤 식으로 처리해야 할까?

### ① 포괄양수도로 처리하는 경우

이 경우에는 부가세 없이 처리할 수 있다. 물론 이를 위해서는 매도자와 매수자의 업종이 같아야 하고, 사업에 관한 모든 권리와 의무가 그대로 승계되어야 한다. 만약 이 같은 요건을 충족하지 못한 상태에서 포괄양수도가 되면 향후 부가세 추징이 발생하므로 주의해야 한다.

## ② 일반양도로 처리하는 경우

이를 위해서는 다음과 같은 절차를 따라야 한다.


첫째, 토지와 건물의 공급가액을 세법에 맞게 정한다.[*]

* 이에 대해서는 5장을 참조하기 바란다.

둘째, 건물의 공급가액의 10%만큼 세금계산서를 발급한다.

셋째, 부가세 신고기한에 맞춰 신고한다.

# 메디컬 건물의 임대 시
# 세무 처리법

메디컬 건물을 개인이 임대할 때에는 주로 부가세 그리고 임대소득세와 관련해 다양한 쟁점이 발생한다. 다음에서 이에 대해 알아보자.

## 1. 메디컬 건물의 임대 시 세무상 쟁점들

첫째, 일반과세자가 건물을 임대하면 보증금과 월세, 관리비 등을 받게 된다. 이 경우 부가세 징수방법은 다음과 같다.

| 구분 | 일반과세자 | 비고(간이과세자) |
|---|---|---|
| 보증금 | 간주임대료* × 10% 징수 | 간주임대료 × 부가율 × 10% |
| 월세 | 월세 × 10% 징수 | 월세 × 부가율 × 10% |
| 관리비 | 전체 과세표준에 포함원칙** | 좌동 |

* 임대보증금에 대해 임대료율(3.5%, 2024년 기준)을 곱해 계산한다(적수 사용).

** 부가세법 기본통칙 29-61-3(부동산 임대 시 월세 등과 함께 받는 공공요금)
　사업자가 부가세가 과세되는 부동산 임대료와 해당 부동산을 관리해주는 대가로 받는 관리비 등을 구분하지 아니하고 영수하는 때에는 전체 금액에 대하여 과세하는 것이나, 임차인이 부담하여야 할 보험료·수도료 및 공공요금 등을 별도로 구분 징수하여 납부를 대행하는 경우 해당 금액은 부동산 임대관리에 따른 대가에 포함하지 아니한다.

둘째, 특수관계인에게 시가 대비 저가나 고가로 임대하거나 무상으로 임대하면 시가에 맞춰 부가세나 소득세 등이 과세된다.

셋째, 임대소득에 대해서는 종합과세가 된다. 또한, 임대소득자에 대해서는 원칙적으로 지역에서 건강보험료가 발생한다.

## 2. 적용 사례

사례를 통해 이 내용을 확인해보자. 다음 자료를 보고 물음에 답해보자.

[자료]
· 임대료 : 월 500만 원
· 관리비 별도

Q 1. 임대료에 대해서는 부가세가 발생하는가?

임대자가 일반과세자에 해당하면 임대료의 10%가 발생한다.

Q 2. 메디컬 건물의 임차인은 앞에서 발생한 부가세를 환급받을 수 있는가?

임차인이 일반과세자인 경우에 한해 부가세 환급을 받을 수 있다. 만일 과세업과 면세업을 동시에 경영하면 과세업분만 환급을 받을 수 있다.

- **임차인이 일반과세자이면 → 부가세 환급**
- **임차인이 간이과세자이면 → 부가세 불환급**
- **임차인이 면세과세자이면 → 부가세 불환급**
- **임차인이 겸업 사업자이면 → 일반과세분만 환급**

Q 3. 연간 임대수입이 6,000만 원이고 임대비용이 5,000만 원이라면 사업소득 금액은?

1,000만 원으로 예상할 수 있다.

Q 4. 이 임대사업자는 건강보험료를 어떤 식으로 내는가?

부동산 임대사업자는 원칙적으로 지역에서 건강보험료를 낸다. 이때 지역가입자는 본인의 소득과 부동산 등을 고려해 산정한 점수에 따라 건강보험료가 책정된다(건강보험공단 홈페이지 참조).

- **지역가입자의 건강보험료 = (소득 + 재산 점수) × 점수당 금액**

---

### Tip 특수관계인 간 임대차계약 시 주의할 점

- 임대료가 주변의 시세와 동떨어지지 않도록 한다.
- 전세보증금이나 월세는 계약서에 기재된 대로 수수되도록 한다.
- 계약서는 꼼꼼히 작성하도록 한다.
- 계약 내용을 변경할 때에는 계약서를 재작성하도록 한다.

# 특수관계인 간 적정임대료를 책정하는 방법

배우자 명의로 메디컬 건물을 취득해 남편에게 이를 임대할 수 있다. 이때 소법은 특수관계인 간의 거래로 인해 부당하게 조세를 낮추는 경우 세법에 맞게 소득금액을 계산할 수 있도록 하고 있다. 이를 부당행위계산제도라고 한다. 다음에서 특수관계인 간에 임대차계약은 어떤 식으로 하는지 이에 대해 알아보자.

## 1. 임대차계약의 원리

### (1) 특수관계인이 아닌 경우
특수관계인이 아닌 경우에는 시장에서 자유롭게 임대차계약을 할 수 있다.

## (2) 특수관계인에 해당하는 경우

특수관계인의 임대차계약 시에는 시가를 기준으로 해야 한다. 소법 제41조 제1항에서 적정임대료를 벗어나면 부당행위로 보아 시가인 임대료에 맞춰 소득금액을 계산하도록 하고 있기 때문이다.

> ※ 소득세법 제41조
> ① 사업소득 또는 기타소득이 있는 거주자의 행위 또는 계산이 그 거주자와 특수관계인과의 거래로 인하여 그 소득에 대한 조세 부담을 부당하게 감소시킨 것으로 인정*되는 경우에는 그 거주자의 행위 또는 계산과 관계없이 해당 과세기간의 소득금액을 계산할 수 있다.

\* 이에 대해서는 소령 제98조 제2항에서 다음과 같이 정하고 있다.

> ② 법 제41조에서 조세 부담을 부당하게 감소시킨 것으로 인정되는 경우는 다음 각 호의 어느 하나에 해당하는 경우로 한다. 다만, 제1호부터 제3호까지 및 제5호(제1호부터 제3호까지에 준하는 행위만 해당한다)는 시가와 거래가액의 차액이 3억 원 이상이거나 시가의 100분의 5에 상당하는 금액 이상인 경우만 해당한다.
> 2. 특수관계인에게 금전이나 그 밖의 자산 또는 용역을 무상 또는 낮은 이율 등으로 대부하거나 제공한 경우. 다만, 직계존비속에게 주택을 무상으로 사용하게 하고 직계존비속이 그 주택에 실제 거주하는 경우는 제외한다.
> 3. 특수관계인으로부터 금전이나 그 밖의 자산 또는 용역을 높은 이율 등으로 차용하거나 제공받는 경우

참고로 이 규정을 적용하기 위한 시가는 다음 순서로 파악한다(법령 제89조).

① 해당 거래와 유사한 상황에서 해당 법인이 특수관계인 외의 불특정다수인과 계속적으로 거래한 가격 또는 특수관계인이 아닌 제3자 간에 일반적으로 거래된 가격이 있는 경우에는 그 가격에 따른다.

② 감정평가액이 있는 경우에는 그 가액에 따른다.

③ 위 ①과 ②가 없는 경우에는 다음에 따라 계산한 금액을 시가로 한다.

· (당해 자산 시가의 100분의 50에 상당하는 금액-그 자산의 제공과 관련하여 받은 전세금 또는 보증금을 차감한 금액)×정기예금이자율(3.5%)

## 2. 적용 사례

K씨는 건물을 취득해 가족에게 임대하고자 한다. 물음에 답해보자.

[자료]
· 취득가액 : 10억 원(건물가액 5억 원)
· 임대보증금 : 3억 원
· 월 임대료 : 500만 원
· 재산세 등 비용 : 연간 4,000만 원

Q 1. 사례에서 세법상 시가(적정임대료)는 어떤 기준으로 계산할까?

특수관계인에게 임대차계약을 할 때 적정임대료인 시가는 다음과 같은 원리로 도출한다.

| 주변의 시세가 있는가? | ▶ YES | 주변의 시세가 시가에 해당함. |
|---|---|---|

▼ NO

| 감정평가를 했는가? | ▶ YES | 해당 감정평가액이 시가에 해당함. |
|---|---|---|

▼ NO

| 정기예금이자율을 곱해 계산한 임대료가 시가에 해당함. |
|---|

Q 2. 사례의 세법상 적정임대료는? 단, 주변의 시세는 없고 감정평가는 하지 않는다고 하자.

이때에는 다음의 식을 이용해 계산한 임대료가 시가에 해당한다.

· (당해 자산 시가의 100분의 50에 상당하는 금액 - 그 자산의 제공과 관련해 받은 전세금 또는 보증금을 차감한 금액) × 정기예금이자율(3.5%) = (10억 원 × 50% - 3억 원) × 3.5% = 700만 원(월 583,333원)

Q 3. 사례에서 임대차계약은 적정임대료를 벗어나 문제가 있는가?

사례의 임차보증금 3억 원과 연간 6,000만 원(월 500만 원)의 임대료는 세법상 적정임대료와 많은 차이가 있다. 따라서 이론적으로 이러한 임대료 책정은 문제가 있다고 할 수 있다. 하지만 현실적으로 임대료 환산하는 방식이 현실과 너무 동떨어져 있다 보니 실무적으로 문제가 되는 경우가 그리 흔하지 않다.

Q 4. 그렇다면 사례의 경우 어떻게 하면 좋을까?

주변 시세가 있는 경우에는 주변의 시세를 적극적으로 고려하고, 만약 주변의 시세가 없다면 자산에 대한 감정평가를 받아 임대료를 산정하도록 한다.

---

### Tip 메디컬 건물의 양도와 세무 처리법

메디컬 건물을 임대 중에 이를 양도하면 부가세와 양도세에서 쟁점이 발생한다. 이에 대한 자세한 내용은 5장을 참조하기 바란다.

---

메디컬 건물을 임대차하는 경우 제삼자 간에는 일반적으로 무상임대나 저가 임대가 발생하지 않는다. 하지만 특수관계인 간에는 이러한 행위가 발생할 가능성이 큰데, 지금부터는 특수관계인 간 무상 또는 저가로 임대하는 경우에 발생하는 세금문제를 임대인과 임차인 측면에서 살펴보자.

## 1. 무상임대인과 세금

### (1) 부가세

특수관계인 간에 무상임대를 하는 경우 시가를 기준으로 부가세를 부과하도록 하고 있다. 한편 저가 임대도 마찬가지다.

### (2) 소득세(법인세)

특수관계인 간에 무상이나 저가 임대 시 소득세(법인세)가 줄어들게 되므로 부당행위계산 규정을 적용한다. 이 규정이 적용되면 시가에 의한 금액을 수입금액에 포함해 과세하게 된다.

## 2. 무상임차인과 세금

현행 상증법에서는 특수관계인 사이에 건물 등 부동산을 무상사용함에
따른 이익이 5년간 1억 원 이상이면 이에 대해 증여세를 부과하고 있다. 여
기서 부동산 무상사용에 따른 이익(5년간 무상사용이익)은 실무적으로 다음과
같이 계산한다.

> · 부동산 무상사용이익 = 부동산 가액* × 2% × 3.79079**
>
> * 시가가 없는 경우에는 보충적 평가방법(기준시가 또는 환산가액)에 따라 평가함.
> ** 3.79079는 5년간의 부동산 무상사용이익을 현재가치로 할인하는 연금 현가 계수임.

## 3. 적용 사례

개인 갑은 토지와 건물 소유주로 현재 80세이고, 동 부동산에서 보증금
2억 원, 월세 1,000만 원을 받고 있다고 하자. 갑은 자인 을에게 건물만을
증여하고자 한다. 이때 보충적 평가(기준시가)로 토지는 약 20억 원이고 건
물가격은 3억 원이다. 상증법상 평가 특례에 따라 12억 원(2억 원 보증금 + 월
세/0.12)이 해당 재산가액으로 평가된다.

Q 1. 이 경우 건물의 증여가액은 3억 원이 되는가?

· 기준시가에 의하면 건물은 3억 원으로 평가된다.

· 평가 특례의 경우 12억 원을 토지와 건물로 안분계산 시 건물에 해당
하는 금액은 1억 5,660만 원[(12억 원×(3억 원/23억 원)]으로 평가된다. 따
라서 둘 중 높은 금액을 증여가액으로 한다.

☞ 비주거용 부동산을 상속이나 증여할 때 기준시가나 환산가액으로 신고하면 과세관청에서 감정평가를 받아 이의 금액으로 상속세 등을 경정할 수 있다. 주로 고액의 부동산에 적용한다. 자세한 내용은 저자의 《가족 간 부동산 거래 세무 가이드북》 등을 참조하기 바란다.

Q 2. 을이 갑의 토지를 무상으로 사용하면 어떤 세금문제가 발생하는가?

갑으로부터 건물만 증여받아서 갑의 토지를 무상으로 사용하는 경우에는 자녀인 을에게 부동산 무상사용에 따른 이익의 증여 때문에 증여세가 과세될 수 있다.

> · 토지 무상사용이익 = 토지가액* × 2% × 3.7907 = 20억 원 × 2% × 3.7907 = 151,628,000원
>
> * 사례에서 토지에 대한 시가 정보가 없으므로 기준시가인 20억 원을 기준으로 한다.

한편 갑은 을에게 토지를 무상으로 사용하게 한 것에 대해 소법상 부당행위계산부인 규정이 적용될 수 있다.

☞ 참고로 무상사용에 대한 증여세는 부동산을 무상사용을 개시한 날을 증여 시기로 해 5년간의 부동산 무상사용액에 대해 한꺼번에 과세된다.* 다만, 이때 증여가액이 1억 원 이상이 되어야 한다.

* 5년이 안 된 경우에는 경정청구를 해 증여세를 반환받을 수 있다(사유발생일로부터 3개월 내 청구. 상증법 제79조 참조).

개인이 메디컬 건물에 대한 임대업을 영위하는 중에 소득세와 상속세 등을 대비 관점에서 법인전환을 생각하는 경우가 많다. 다음에서 이에 대한 실익을 분석해보자.

## 1. 임대사업자가 법인을 생각하는 동기

임대사업자가 법인을 생각하는 동기는 크게 두 가지 정도가 된다.

첫째, 소득세가 많다.

임대업에 대한 소득세가 많은 이유는 필요경비가 적고 세율도 높기 때문이다. 법인은 이러한 문제점을 해결해 줄 것이다.

둘째, 상속에 대비하고 싶다.

법인으로 전환해 주식으로 보유하게 되면 언제든지 증여나 매도를 할 수 있으므로 상속이 도움을 줄 것이다.

## 2. 임대업을 법인으로 전환하기 힘든 이유

현재 많은 임대소득세를 내고 있고 상속세가 걱정된 층에서는 법인전환을 고려하는 것이 인지상정이지만 다음과 같은 점에서 법인전환이 쉽지 않다.

첫째, 취득세가 많이 나온다.

2020년 8월 12일부터 부동산 임대업의 법인전환 시 취득세 감면이 없어졌다. 이외 다양한 전환비용(결산수수료, 감정평가수수료 등)이 발생하는 점도 단점이 된다.

둘째, 상속세가 오히려 증가할 수 있다.

개인이 보유한 부동산은 보충적 평가법(기준시가, 환산가액)을 통해 상속세를 신고하는 것이 일반적*인데, 법인의 경우 주식 평가 시 시가로 부동산을 평가하기 때문에 오히려 상속세가 증가할 가능성이 크다.

* 단, 개인이 고가의 부동산을 기준시가로 상속세나 증여세를 신고한 경우 과세관청에서 감정받은 금액으로 상속세 등이 경정될 수 있다. 하지만 이 제도가 최근 법원에서 제동이 걸리는 등 문제점이 노출되고 있다. 이러한 점을 고려해 대책을 마련해야 할 것으로 보인다.

## 3. 적용 사례

사례를 통해 이 내용을 확인해보자. K임대사업자의 임대현황은 다음과 같다. 물음에 답해보자.

[자료]
· 자산분류 : 유형자산
· 임대현황 : 연간 임대료 5억 원 발생함.
· 예상비용 : 임대료의 60%
· 기준시가 : 50억 원
· 임대료 환산가액 : 50억 원
· 예상 감정가 : 80억 원

Q 1. K임대사업자가 법인을 만들면 법인세는 얼마나 나오는지 개인과 비교하면?

개인 또는 법인이 임대하면 임대소득에 대해 종합소득세 또는 법인세를 내야 한다. 이를 비교하면 다음과 같다.

| 구분 | 개인 | 법인 |
|---|---|---|
| 임대수입 | 5억 원 | 5억 원 |
| − 임대비용(수입의 60%) | 3억 원 | 3억 원 |
| = 임대소득 | 2억 원 | 2억 원 |
| × 세율 | 38% | 9% |
| − 누진공제 | 1,994만 원 | − |
| = 산출세액 | 5,606만 원 | 1,800만 원 |

Q 2. 이 임대업을 법인으로 경영할 방법은?

이에는 대표적으로 법인으로 전환해서 경영하는 방법이 있다. 다만, 이때 개인의 부동산을 법인에 이전하게 되면 개인에게는 양도세 과세문제가, 법인에는 취득세 과세문제가 발생한다.

Q 3. Q 2에서 양도세와 취득세에 대해 세금혜택을 받기 위해서는 어떤 조건을 충족하면 되는가?

조특법 제32조와 지특법 제57조의 2에서 제시한 요건(개인사업자의 순자산가액 이상 자본금 출자 등)을 충족하면 양도세는 이월과세, 취득세는 감면을 받을 수 있다(위 표의 ①을 말함). 다만, 부동산 임대업에 대해서는 2020년 8월 12일 이후부터 취득세 감면이 적용되지 않는다. 따라서 사례의 경우 법인전환 시 취득세를 모두 부담해야 한다.

Q 4. 이 경우 법인전환으로 상속세는 줄어들까?

법인전환을 하지 않은 상태에서 상속이 발생하면 보충적 평가방법으로 신고할 수 있다(물론 감정평가액으로 경정할 수 있다). 사례의 경우 보충적 방법으로 평가하면 상속재산가액은 50억 원이 된다. 하지만 법인전환을 하게 되면 감정평가를 받는 것이 원칙이므로 이 경우 주식은 80억 원으로 평가된다(유한회사는 기준시가도 가능). 이후 상속 발생으로 주식 평가 시 법인부동산을 시가로 평가하는 것이 원칙이므로 이 경우 주식 가치가 더 증가할 가능성이 크다. 따라서 상속세의 관점에서 보면 법인보다는 개인이 다소 유리할 가능성이 크다.

Q 5. 이 사례에서 얻을 수 있는 교훈은?

상속세 절세를 위해 개인 부동산 임대업을 무턱대고 법인전환 하는 것은 득보다 실이 될 가능성이 클 수 있다(취득세 등 법인전환비용 과다 발생 및 상속세 부담 증가 등). 따라서 개인 부동산 임대사업자의 법인전환은 신중할 필요가 있다.

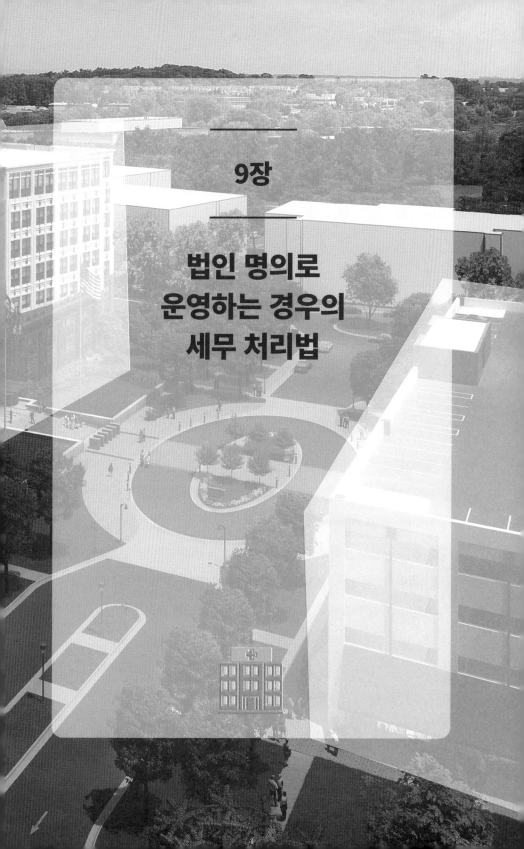

9장

법인 명의로
운영하는 경우의
세무 처리법

# 메디컬 임대법인과
# 부동산 세제

최근 법인을 통해 메디컬 건물을 취득하려는 시도들이 많아지고 있다. 법인을 잘 운영하면 개인보다도 훨씬 많은 효익을 누릴 수 있기 때문이다. 예를 들어 법인의 주주를 자녀를 포함해 구성하면 법인세 절감은 물론이고 상속과 증여 등을 정교하게 진행할 수 있다. 물론 법인을 설립해야 하고 이에 대한 관리를 지속해야 한다는 번거로움이 있으나, 이는 관리만 제대로 하면 큰 문제는 아니다. 다음에서는 요즘 많은 관심을 끌고 있는 메디컬 건물을 법인 명의로 운영하는 경우의 세무 처리법을 알아보자. 참고로 임대법인의 세제는 개인 임대의 세제와 비교하는 식으로 파악하면 이해가 빠르다.

## 1. 취득세

개인과 법인으로 구분해 취득세에 관한 내용을 정리하면 다음과 같다.

| 구분 | | 개인 | 법인 | 비고 |
|---|---|---|---|---|
| 취득세 과세표준 | 승계취득 | 실제 취득가액 | 좌동 | 차이 없음. |
| | 원시취득 | · 사실상 취득가액<br>· 사실상 취득가액이 없는 경우 : 시가표준액 | 사실상 취득가액 | 차이 있음. |
| | 증여취득 | · 원칙 : 시가 인정액<br>· 예외 : 1억 원 이하는 시가표준액 | 좌동 | 차이 없음. |
| 취득세 세율 | 승계취득 | 4.0% | 좌동 + 중과세(8%) | 차이 있음. |
| | 원시취득 | 2.8% | 좌동 + 중과세(4.4%) | 차이 있음. |
| | 증여취득 | 3.5% | 좌동 | 차이 없음. |

☞ 취득세 관점에서는 역시 법인에 적용될 수 있는 중과세가 관심사가 된다. 취득 전에 중과세를 없앨 방법을 찾는 것이 중요함을 알 수 있다.


## 2. 부가세

개인과 법인에 대한 부가세의 차이를 비교해보자.

| 구분 | 개인 임대 | 법인 임대 |
|---|---|---|
| 사업자등록 | 일반과세자(4,800만 원 이상) | 일반과세자(무조건) |
| 임대용역 제공 시 부가세 징수 | 10% 징수 | 좌동 |
| 매입세액공제 적용 여부 | 전액 공제 | 좌동 |
| 부가세 신고(연) | 2회 | 4회 |

☞ 부가세는 개인과 법인에서 큰 차이가 없다. 다만, 법인은 무조건 일반과세자가 된다는 점은 차이가 난다.

## 3. 임대소득세/법인세

병의원 임대용 건물을 취득해 임대한 경우의 소득세와 법인세에 대한 계산법을 정리하면 다음과 같다.

| 구분 | 소득세 | 법인세 | 비고 |
|---|---|---|---|
| 당기순이익 | 수익 – 비용 | 좌동 | 미세한 차이 있음. |
| 대표자/대표이사 급여 비용 처리 | 비용 처리 불가 | 비용인정 | 차이 있음. |
| 세율 | 6~45% | 9~24% | 차이 있음. |
| 세후 소득 | 규제 없음. | 배당 등으로 처분 | 차이 있음. |
| 성실신고 등 비교 | 매출액 5억 원 이상 등 | 법인의 주업이 임대업 + 5인 미만 등 | 차이 있음. |

☞ 임대소득이나 다음 양도소득에 대해 부과되는 소득세와 법인세는 과세방식에서 많은 차이가 있다. 소득세율은 6~45%, 법인세율은 9~24%로 이러한 세율 차이는 개인과 법인의 선택에 많은 영향을 주고 있다.

## 4. 양도세/법인세

병의원 임대용 건물을 처분한 경우, 이에 관한 결과를 양도세와 법인세로 구분해 정리하면 다음과 같다.

| 구분 | 양도세 | 법인세 | 비고 |
|---|---|---|---|
| 과세표준 | 양도가액 – 취득가액 – 공제 등 | 양도가액 – 취득가액 | 차이 있음. |
| 세율 | 6~45% | 9~24% | 차이 있음. |

## Tip 소득세율과 법인세율 비교

| 개인 | | 법인 | |
|---|---|---|---|
| 과세표준 | 세율 | 과세표준 | 세율 |
| 1,400만 원 이하 | 6% | 2억 원 이하 | 9% |
| 5,000만 원 이하 | 15% | | |
| 8,800만 원 이하 | 24% | 200억 원 이하 | 19% |
| 1.5억 원 이하 | 35% | | |
| 3억 원 이하 | 38% | 3,000억 원 이하 | 21% |
| 5억 원 이하 | 40% | | |
| 10억 원 이하 | 42% | 3,000억 원 초과 | 24% |
| 10억 원 초과 | 45% | | |

# 메디컬 임대법인의
# 세금 분석

메디컬 임대법인의 효익이 크다고 해서 무조건 메디컬 건물을 법인으로 취득하면 안 될 것이다. 예를 들어 취득세가 중과세되는 것도 모르고 무턱대고 취득하면 안 되기 때문이다. 이 외에도 법인에 대해서는 다양한 규제가 많으므로 취득 전에 반드시 법인에 대한 세제를 이해할 필요가 있다. 다음에서 메디컬 임대법인에 대한 세금을 분석해보자.

## 1. 메디컬 건물을 법인으로 취득하기 전 검토해야 할 사항

· 취득세는 중과세율이 적용되는가? → 중과세가 적용되는 경우에는 이를 피할 방법은 무엇인가?

· 임대 시 소득세보다 얼마나 절세할 수 있는가?

· 처분 시 양도세보다 얼마나 절세할 수 있는가? 등

## 2. 적용 사례

사례를 통해 앞의 내용을 분석해보자. 다음 자료를 보고 물음에 답해보자.

[자료]
· 메디컬 건물 취득가액 : 20억 원(건물 10억 원, 부가세 1억 원 별도)
· 10년간 감가상각 누계액 : 2억 원
· 소득금액(수입-비용) : 5억 원
· 10년 후 양도 시 예상양도차익 : 10억 원(감가상각 누계액 반영 후)
· 겸업 사업자의 과세비율 : 50/100
· 기타 사항은 무시하기로 함.

Q 1. 이 건물을 부가세법상 사업자유형별로 나눈 후 취득 시 부가세, 임대 시 소득세(법인세), 양도 시 양도세(법인세)를 계산하면? 단, 사업자 유형은 개인과 법인으로 구분한다.

주어진 자료를 바탕으로 부가세 등을 계산하면 다음과 같다.

| 구분 | | 개인 | | | 법인 |
|---|---|---|---|---|---|
| | | 일반과세자 | 면세사업자 | 겸업 사업자 | 일반과세자 |
| 취득 시<br>부가세 지출(불환급) | | (환급) | 1억 원 | 5,000만 원<br>(절반 환급) | (환급) |
| 임대 시<br>소득세/<br>법인세 | 과세표준 | 5억 원 | 5억 원 | 5억 원 | 5억 원 |
| | 세율 | 40% | 40% | 40% | 19% |
| | 누진공제 | 2,594만 원 | 2,594만 원 | 2,594만 원 | 2,000만 원 |
| | 산출세액 | 1억 7,406만 원 | 1억 7,406만 원 | 1억 7,406만 원 | 7,500만 원 |
| 양도 시<br>양도세/<br>법인세 | 양도차익 | 10억 원 | 10억 원 | 10억 원 | 10억 원 |
| | 장기보유특<br>별공제 | 3억 원 | 3억 원 | 3억 원 | – |

| 구분 | | 개인 | | | 법인 |
|---|---|---|---|---|---|
| | | 일반과세자 | 면세사업자 | 겸업 사업자 | 일반과세자 |
| 양도 시 양도세/ 법인세 | 과세표준 | 7억 원 | 7억 원 | 7억 원 | 10억 원 |
| | 세율 | 42% | 42% | 42% | 19% |
| | 누진공제 | 3,594만 원 | 3,594만 원 | 3,594만 원 | 2,000만 원 |
| | 산출세액 | 2억 5,806만 원 | 2억 5,806만 원 | 2억 5,806만 원 | 1억 7,000만 원 |
| 총세금지출계* | | 4억 3,212만 원 | 5억 3,212만 원 | 4억 8,212만 원 | 2억 4,500만 원 |

* 양도세와 법인세 외에 지방소득세가 10% 추가되므로 실무 적용 시에는 이 부분을 고려하여 분석하기 바란다.

Q 2. 이 사례를 보면 법인의 세금이 낮게 도출되었다. 그 이유는 무엇인가?

법인세율이 소득세나 양도세에 비해 낮기 때문이다.

☞ 법인은 법인세율이 낮은 대신에 세후 이익이 법인에 유보된다. 따라서 이에 대해 배당 등을 하면 세금이 추가되므로 앞에서 본 법인 관련 세금지출액이 다소 증가할 수 있다.

Q 3. 만일 법인에 대해 취득세 중과세가 적용되면 어떻게 될까?

취득세 중과세가 되면 당연히 법인의 세금지출액이 증가하게 된다.

Q 4. 법인으로 메디컬 건물을 취득하기 전에 어떤 점에 주의해야 하는가?

개인 소득세보다 법인세가 절반 이상 저렴한 것은 기정사실이다. 다만, 법인의 경우 예기치 못한 세금문제가 발생할 수 있으므로 이에 대한 대비가 필요하다.

첫째, 취득세는 중과세를 적용받지 않아야 한다.

둘째, 법인과 거래 시에는 주주에 대한 증여세 등이 발생하지 않는지 등을 늘 검토해야 한다.

셋째, 자금 유출입 시에는 명확한 근거를 확보하도록 한다.

넷째, 잉여금을 배당할 때에는 배당소득세 등을 최소화하는 방안을 마련해야 한다.

다섯째, 주식 이전 시에는 반드시 세법상 주식평가액을 확인해야 한다.

---

### Tip 법인을 설립하는 방법 등

법인은 설립할 때에는 설립장소, 주주 구성, 자본금의 크기 등을 결정해야 한다. 이에 대한 자세한 내용은 저자의 《가족법인 이렇게 운영하라》 등을 참조하기 바란다.

· 설립장소 → 수도권 과밀억제권역 내에서 설립한 경우 취득세 중과세가 적용될 수 있다.
· 주주 구성* → 주주와 지분율을 어떤 식으로 정하는지에 따라 배당 및 증여세 등 과세되는 내용이 달라진다.

* 법인은 주주 구성을 어떤 식으로 하는지에 따라 세무의 내용이 달라짐에 유의해야 한다. 일반적으로 지분은 균등하게 보유하는 것이 좋다.

· 자본금 → 자본금의 크기에 따라 자금조달방법 등이 달라진다.

# 메디컬 임대법인이
# 취득세 중과세를 없애는 방법

법인이 메디컬 건물을 임대용으로 취득하면 취득세가 발생한다. 그런데 해당 법인이 수도권 과밀억제권역 내에서 설립되고 이 지역 내의 건물을 취득하면 취득세가 2배 이상 중과세(4% → 8%)가 적용될 수 있다. 따라서 법인이 메디컬 건물을 취득할 때에는 취득세 중과세를 적용받지 않는 방법을 찾아야 한다. 다음에서는 이에 대해 알아보자.

## 1. 취득세 과세방식

부동산을 취득할 때 발생하는 취득세는 비과세와 중과세, 감면 등으로 과세방식이 달라지는데 이를 정리하면 다음과 같다.

| 비과세 | · 취득세가 전혀 없는 경우를 말한다(지법 제9조).<br> 예) 국가 등 취득 |
|---|---|

▼

| 일반 또는<br>중과세 | · 일반과세 : 표준세율로 과세되는 것을 말한다.<br>· 중과세 : 표준세율보다 높게 과세하는 것을 말한다(지법 제13조<br>와 제13조의 2).<br> 예) 본점·공장 신·증설, 법인취득, 사치성 재산, 주택취득 등 |
|---|---|

▼

| 감면 | · 취득세 일부나 전부를 경감하는 것을 말한다(지특법 제31조 등).<br> 예) 임대주택 등에 대한 감면, 창업중소기업 등 세액감면 등 |
|---|---|

메디컬 건물과 관련된 취득세는 비과세와 감면이 없으며 대부분 일반과세가 적용된다. 다만, 법인이 취득한 경우에는 중과세가 다양하게 적용된다.

※ 메디컬 건물취득 시 개인과 법인의 취득세율 비교

| 구분 | 개인 | 법인 |
|---|---|---|
| 일반과세 | · 승계취득 : 4%(4.6%)<br>· 원시취득 : 2.8%(3.16%) | 좌동 |
| 중과세 | – | · 승계취득 : 8%(9.14%)<br>· 원시취득 : 4.4%(5.08%) |
| 감면 | 없음. | 좌동(의료법인은 감면 가능) |

## 2. 적용 사례

K씨는 다음과 같은 부동산 취득을 계획하고 있다. 물음에 답해보자.

[자료]
· 부동산 매입가 : 15억 원(부가세 별도)
· 취득자 명의 : 개인 또는 법인

Q 1. 개인이 수도권 과밀억제권역 내에서 취득하면 취득세율은 어떻게 되는가?

개인이 일반 부동산을 매입하면 매입가의 4.6%로 취득세가 부과된다. 따라서 이 경우 대략 6,900만 원(15억 원×4.6%)의 취득세가 발생한다. 참고로 환급받은 부가세는 취득가액에 포함되지 않는다.

☞ 개인이 일반 건물을 취득하면 취득세 중과세가 적용되지 않는다.

Q 2. 법인이 취득하면 취득세율은 어떻게 되는가? 단, 법인에는 취득세 중과세율(9.4%)이 적용된다고 하자.

이 경우 15억 원에 9.4%를 적용하면 1억 4,100만 원이 취득세가 된다. 참고로 법인이 다음과 같은 요건을 모두 충족한 상태에서 부동산을 취득하면 9.4%로 일반세율의 2배 이상 중과세가 적용된다.

· 수도권 과밀억제권역 내에서 법인을 설립할 것
· 위 법인이 설립된 지 5년이 미경과할 것

- 수도권 과밀억제권역 내에서 취득할 것
- 취득세 중과배제업종에 해당하지 않을 것

Q 3. K씨는 어떤 식으로 취득세에 대한 대책을 꾸려야 할까?

개인이 취득하면 취득세 중과세와 관계가 없다. 하지만 법인은 그렇지 않다. 따라서 법인의 설립장소를 과밀억제권역 밖에서 물색하는 등으로 대책을 마련하는 것이 좋다. 다음의 Tip을 참조하기 바란다.

## Tip 법인부동산의 취득세 중과세 해법

수도권 과밀억제권역 내에서 설립된 지 5년이 경과되지 않은 법인이 이 지역 내의 부동산을 취득하면 취득세가 중과세된다. 그렇다면 이에서 벗어나는 방법들에는 어떤 것들이 있을까?

첫째, 수도권 과밀억제권역을 벗어난 지역에서 법인을 설립한다.

법인이 취득한 부동산에 대한 취득세 중과세 규정은 수도권 과밀억제권역 내에 설립된 법인에 적용된다. 이 제도는 수도권 인구집중을 억제한다는 취지로 마련된 것이기 때문이다. 따라서 수도권 과밀억제권역을 벗어나 법인을 설립하면 이러한 중과세를 피할 수 있게 된다.

☞ 수도권 과밀억제권역 외의 지역에서 본점을 설립해 두고 실제 사업은 이 지역 내에서 하는 경우 취득세 중과세가 적용될 수 있음에 유의해야 한다.

### ※ 수도권 과밀억제권역 범위

| 수도권 | 수도권 과밀억제권역 |
|---|---|
| 서울특별시,<br>인천광역시,<br>경기도 | 서울특별시, 인천광역시(강화군, 옹진군, 서구 대곡동·불로동·마전동·금곡동·오류동·왕길동·당하동·원당동, 인천경제자유구역 및 남동 국가산업단지는 제외한다), 의정부시, 구리시, 남양주시(호평동, 평내동, 금곡동, 일패동, 이패동, 삼패동, 가운동, 수석동, 지금동 및 도농동만 해당한다), 하남시, 고양시, 수원시, 성남시, 안양시, 부천시, 광명시, 과천시, 의왕시, 군포시, 시흥시[반월특수지역(반월특수지역에서 해제된 지역을 포함한다)은 제외한다] |

**둘째, 이 지역 내에서 설립된 지 5년이 경과한 법인을 인수한다**(단, 휴면법인은 제외).

만일 수도권 과밀억제권역 내에 법인이 있어야 한다면 업무실적이 5년이 넘는 법인을 인수하는 방법을 생각해볼 수 있다.

☞ 이때 주의할 것은 지령 제27조 제1항에서 정하고 있는 휴면법인(해산법인, 해산 간주법인, 폐업법인, 법인 인수일 이전 2년 이상 사업 실적이 없고, 인수일 전후 1년 이내에 인수법인 임원의 100분의 50 이상을 교체한 법인 등)은 해당 사항이 없다는 것이다.

**셋째, 이 지역 밖의 부동산을 매입한다.**

이 지역 내에서 설립된 법인으로써 설립된 지 5년이 미경과된 경우라도 이 지역 밖의 부동산을 매입하면 중과세를 벗어날 수 있다.

☞ 예를 들어 서울에서 법인을 설립한 후 부산에 있는 부동산을 취득하면 설립경과연수와 관계없이 취득세 중과세를 적용하지 않는다는 것이다.

☞ 이 외에도 중과세가 적용되지 않은 업종을 영위하면 되나, 메디컬 건물임대업은 이와 무관하다.

# 메디컬 건물을 법인이 임대 시 세무 처리법

메디컬 건물을 법인이 임대할 때에는 개인 임대에서 본 것 같은 부가세 문제와 임대소득에 대한 법인세 등과 관련해 다양한 쟁점이 발생한다. 특히 배우자 명의처럼 특수관계인에게 임대 시에 쟁점이 많이 발생한다. 다음에서 이에 대해 알아보자.

## 1. 법인의 메디컬 건물임대 시의 세무상 쟁점들

첫째, 일반과세자가 건물을 임대하면 보증금과 월세, 관리비 등을 받게 된다. 이 경우 부가세 징수방법은 다음과 같다.

| 구분 | 내용 | 비고 |
|---|---|---|
| 보증금 | 간주임대료 × 10% 징수 | 2024년 간주임대요율 : 3.5% |
| 월세 | 월세 × 10% 징수 | |
| 관리비 | 전체 과세표준에 포함원칙 | |

☞ 이는 앞에서 본 개인 임대와 같다.

둘째, 특수관계인에게 시가 대비 저가나 고가로 임대하거나 무상으로 임대하면 시가에 맞춰 부가세나 법인세 등이 과세된다.

☞ 이 부분도 앞에서 본 개인 임대와 같은 원리가 적용된다.

셋째, 임대소득에 대해서는 법인세가 과세된다. 한편 법인의 임직원이 급여를 받으면 이에 대해서는 사업장에서 건강보험료가 발생한다.

☞ 법인의 경우 급여에 대해 건강보험료가 발생하므로 이 부분도 개인 임대와 차이가 난다.

## 2. 적용 사례

사례를 통해 이 내용을 확인해보자. 다음 자료를 보고 물음에 답해보자.

[자료]
· 임대료 : 월 1,000만 원
· 관리비 별도

Q 1. 임대료에 대해서는 부가세가 발생하는가?

임대자가 일반과세자에 해당하면 임대료의 10%가 발생한다.

Q 2. 메디컬 건물의 임차인은 앞에서 발생한 부가세를 환급받을 수

있는가?

임차인이 일반과세자인 경우에 한해 부가세 환급을 받을 수 있다. 법인은 일반과세자에 해당한다.

Q 3. 연간 임대수입이 1억 원이고 임대비용이 8,000만 원이라면 각 사업연도 소득금액은?

2,000만 원으로 예상할 수 있다.

[돌발퀴즈]

1. 앞의 금액이 소득세와 법인세의 과세표준이라면 예상되는 세금은?

| 구분 | 소득세 | 법인세 |
|---|---|---|
| 과세표준 | 2,000만 원 | 2,000만 원 |
| × 세율 | 15% | 9% |
| − 누진공제 | 126만 원 | − |
| = 산출세액 | 174만 원 | 180만 원 |

2. 만일 과세표준이 2억 원이라면 예상되는 세금은?

| 구분 | 소득세 | 법인세 |
|---|---|---|
| 과세표준 | 2억 원 | 2억 원 |
| × 세율 | 38% | 9% |
| − 누진공제 | 1,994만 원 | − |
| = 산출세액 | 5,606만 원 | 1,800만 원 |

Q 4. 법인의 임직원은 건강보험료를 어떤 식으로 내는가?

법인으로부터 받은 급여에 따라 건강보험료가 책정된다.

## Tip 개인 임대와 법인 임대의 소득세(법인세) 과세구조 비교

| 구분 | 개인 | 법인 |
|---|---|---|
| 세목 명 | 종합소득세 | 법인세 |
| 세율 | 6~45% | 9~24% |
| 매출 | 임대수입 | 좌동 |
| 비용 | 사업과 관련된 비용 | 좌동+대표이사 급여* |
| 임대업에 대한 비용 제한 | 없음. | · 접대비 한도축소 : 3,600만 원 → 1,800만 원** <br> · 차량비 한도축소 : 1,500만 원 → 500만 원** |
| 성실신고 확인제도 | 당해 매출액이 5억 원 이상 시 적용 | 주업이 임대업이고 상시근로자 수 5인 미만인 경우 적용** |

* 대표이사 급여 책정은 자유롭게 할 수 있으나, 너무 과도하거나 과소하지 않도록 한다(저자의 카페 문의).

** 이러한 규제를 적용받지 않으려면 상시 근로자 수가 5명 이상이 되면 된다.

# 메디컬 임대법인에 대한
# 세법상의 규제

메디컬 임대법인도 주업이 부동산 임대업에 해당한다. 그런데 이러한 임대법인에 대해서는 일반법인보다 접대비나 업무용 승용차비에 대한 한도가 축소된다. 또한, 이러한 법인에 대해서는 법인 성실신고제도가 적용된다. 이러한 내용은 메디컬 임대법인을 포함한 모든 임대법인이 알아둬야 할 주제에 해당한다. 다음에서 이에 대해 알아보자.

## 1. 세법상 부동산 임대법인의 범위

법인세법 시행령(법령) 제42조 제2항에서는 세법상 주업이 임대업 법인을 다음과 같이 규정하고 있다. 이러한 법인에 해당하는 경우에 접대비 한도축소 등 규제가 적용된다.

② 법 제25조 제5항 및 법 제27조의 2 제5항에서 "대통령령으로 정하는 요건에 해당하는 내국법인"이란 각각 다음 각 호의 요건을 모두 갖춘 내국법인을 말한다.

1. 해당 사업연도 종료일 현재 내국법인의 제43조 제7항에 따른 지배주주 등이 보유한 주식 등의 합계가 해당 내국법인의 발급주식 총수 또는 출자총액의 100분의 50을 초과할 것

2. 해당 사업연도에 부동산 임대업을 주된 사업으로 하거나 다음 각 목의 금액 합계가 기업회계기준에 따라 계산한 매출액(가목부터 다목까지의 금액이 포함되지 않은 경우에는 이를 포함하여 계산한다)의 100분의 50 이상일 것

   가. 부동산 또는 부동산상의 권리 대여로 인하여 발생하는 수입금액
   나. 소법 제16조 제1항에 따른 이자소득의 금액*
   다. 소법 제17조 제1항에 따른 배당소득의 금액*

3. 해당 사업연도의 상시근로자 수가 5명 미만일 것

   * 이자소득 등만 있는 경우에도 규제를 적용받는다.

③ 제2항 제2호를 적용할 때 내국법인이 둘 이상의 서로 다른 사업을 영위하는 경우에는 사업별 사업수입금액이 큰 사업을 주된 사업으로 본다.

건물이든 주택이든 이를 불문하고 주업이 임대업이면 이 규정을 적용해 세법상의 임대법인을 가려내고 있다.

## 2. 부동산 임대법인에 주어지는 불이익들

이 규정에 따라 선정된 임대법인들에 대해서는 다음과 같은 규제들이 적용된다.

· 접대비 기본한도 축소

· 승용차 관련 비용 한도축소

· 성실신고확인제도 적용 등

이의 내용을 일반법인과 비교해 표로 정리하면 다음과 같다.

| 구분 | 일반법인 | 임대법인 |
|---|---|---|
| 접대비 기본한도 | 3,600만 원 | 1,800만 원 |
| 업무용 승용차 감가상각비 한도 | 800만 원 | 400만 원 |
| 업무용 승용차 처분손실 한도 | 800만 원 | 400만 원 |
| 차량운행기록부 미작성 시 업무사용금액 | 1,500만 원 | 500만 원 |
| 법인 성실신고 확인제도 적용 | 개인성실사업자가 법인전환 후 3년 이내의 법인 | 상시근로자 수 5인 미만 등 요건 충족한 법인 |

## 3. 적용 사례

사례를 통해 이 내용을 알아보자. K법인은 주업이 임대업을 영위하고 있다. 다음 자료를 보고 물음에 답해보자.

[자료]
· 재무상태표상 임대수입 1억 원임.
· 상시근로자 수 : 2명
· 12월 말 법인에 해당함.

Q 1. 이 법인은 세법상 임대법인에 해당하는가?

상시근로자 수가 5인 미만이고 주업이 임대업에 해당하므로 이에 해당하는 것으로 보인다.

Q 2. 이 법인의 속한 업종의 접대비 기본한도액은 3,600만 원이다. 그렇다면 이 법인은 어떤 규제를 받는가?

세법상 임대법인에 해당해 접대비 한도액이 1/2로 축소되는 불이익을 받는다.

Q 3. 이 법인은 법인세 신고는 언제까지 하는가?

법인세는 다음과 같이 두 가지 형태로 신고 및 납부를 해야 한다. 12월 말 법인을 예로 들어보자.

| 구분 | 신고 및 납부기한 | 비고 |
|---|---|---|
| 일반법인 | 다음 해 3월 | |
| 성실신고법인 | 다음 해 4월 | 성실신고확인서 등 제출 |

사례의 경우 K법인은 성실신고확인제도가 적용되므로 4월 30일이 신고·납부기한이다. 법인에 대한 성실신고는 개인사업자처럼 세무대리인이 매출과 비용 등을 검증하도록 하는 제도를 말한다.

# 메디컬 임대법인이
# 가수금을 활용하는 방법

원래 가수금은 자금이 회사에 유입되었지만, 그 내역이 밝혀지지 않았을 때 사용하는 임시계정과목에 해당한다. 그런데 실무에서는 회사에 유입된 개인 자금을 지칭하는 경우가 많다. 이러한 개인 자금도 엄연히 차입금에 해당하는데 이를 가수금으로 부를 뿐이다. 다음에서 가수금과 관련된 세무상 쟁점을 알아보자.

## 1. 가수금(개인차입금)과 세무상 쟁점

법인이 개인으로부터 빌린 차입금(가수금)에 대해서는 관리가 필요하다. 이를 등한시하면 향후 용도 입증을 두고 문제가 되는 경우가 많기 때문이다. 이를 위해서는 다음의 절차를 지킬 필요가 있다.

### (1) 차입약정서 작성

가수금은 차입금으로 인정되어야 하므로 실제 자금 유입이 되었다면 반드시 차입약정서를 작성해 투명성을 확보하는 것이 좋다.

> <차입약정서 샘플>
> ·상환방법 :
> ·상환 기간 :
> ·이자 지급일 :
> ·이자 지급률 : 4.6% 이하(무이자도 상관없음)

### (2) 이자 지급 시의 원천징수

법인이 대표이사 등에게 이자를 지급한 경우에는 원천징수의무가 있다는 점에 유의해야 한다(27.5%). 그렇다면 대표이사 등이 이자를 받지 않는 방식으로 차입하면 문제는 없을까?

소법 제41에서는 배당소득, 사업소득 또는 기타소득에 대해서만 부당행위계산제도를 적용하도록 하고 있다. 따라서 무이자로 자금 대여를 하더라도 이자소득에 대해서는 이 규정을 적용하지 않는다.


## 2. 적용 사례

K법인은 이번에 다음과 같은 부동산을 취득하려고 한다. 물음에 답해보자.

> **[자료]**
> · 취득 예상금액 : 100억 원
> · 자금조달 : 내부자금과 은행 대출 등으로 70억 원 조달
> · 주주 구성 : A 50%, 기타 50%는 제삼자가 소유 중임.

Q 1. 부족 자금 30억 원을 A 주주에게 빌렸다고 하자. 이때 이자를 지급한 경우에는 어떤 문제가 있는가?

이자를 지급할 때 지급금액의 27.5%만큼 원천징수를 해야 한다. 참고로 이때 지급하는 이자가 세법에서 정한 이자(4.6%)보다 많으면 부당행위로 보게 된다(초과이자는 비용으로 불인정하며, 받은 자의 소득으로 보게 됨).

☞ 이자를 지급받은 A 씨는 금융소득 종합과세를 적용받게 된다.

Q 2. K법인이 이자를 지급하지 않으면 세법상 문제가 없는가?

없다. 회사로서는 이자가 지출되지 않으니 그만큼 이익이 증가했고 그 결과 회사의 세금이 더 증가하는 결과가 되었기 때문이다. 돈을 대여한 대표이사의 관점에서는 부당한 대여가 되지 않는다. 현행 세법상 개인에게 부당행위가 적용되는 대상 소득에는 배당소득, 사업소득과 기타소득 정도가 있기 때문이다.

Q 3. Q 2에서 법인이 이자를 지급하지 않으면 주주에 대한 증여세 문제는 없는가?

주주 A와 기타 주주가 특수관계가 없다면 주주에 대한 문제는 없다. 특수관계에 해당하는 경우에는 주주별로 증여이익이 1억 원 이상이 되어야

한다(상증법 제45조의 5 참조).

# 메디컬 임대법인의
# 배당금 처리법

메디컬 건물을 본인 명의나 가족 명의가 아닌 법인 명의로 취득하면 좋은 경우는 일반적으로 저렴한 법인세 효과도 있지만, 자녀 등에게 배당 등을 할 수 있기 때문이다. 다음에서 이에 대해 알아보자.

## 1. 배당금 처리와 세무상 쟁점

법인이 배당금을 지급할 때에는 다음과 같은 절차에 주의해야 한다.

### (1) 지급하는 경우

· 현금배당 시 배당액의 10%를 이익준비금으로 적립(자본금의 1/2에 달하기
  까지)해야 한다.
· 현금배당은 주주지분에 따라 균등하게 해야 한다.
· 현금배당 시 지급금액의 15.4%만큼 원천징수를 해야 한다.

### (2) 지급받은 경우

· 현금배당금을 포함한 금융소득이 연간 2,000만 원 초과 시 금융소득
  종합과세가 적용된다.

· 금융소득이 연간 2,000만 원 초과 시 건강보험료 피부양자의 요건이
  박탈되는 한편 지역에서 건강보험료를 내야 한다(직장 가입자는 별도로 보
  험료가 지역에서 추가된다).


## 2. 적용 사례

K법인은 다음과 같은 메디컬 건물을 취득했다. 물음에 답해보자.

[자료]
· 취득가액 : 100억 원
· 취득자금 조달 : 은행 차입금 50억 원, 나머지는 주주 A씨의 개인 자금(이
  자 없음)
· 연간 당기순이익 : 10억 원
· 주주 : A, B, C, D(지분율은 균등)

Q 1. 이 건물의 취득자금 중 일부는 A주주가 무이자로 빌려준 것이
다. 세법상 문제는 없는가?

법인은 없다. 다만, 이 거래를 통해 B~D의 주주가 이익을 보게 되므로
상증법에서는 B~D에 대해 증여세를 과세한다. 다만, 증여세가 과세되기
위해서는 주주별로 증여받은 이익이 1억 원 이상이 되어야 한다. 여기서 1
억 원이 되기 위해서는 원금에 4.6%를 곱해야 하므로 원금 기준 20억 원이

넘어야 한다. 따라서 사례의 경우에는 각 주주당 12.5억 원에 해당하는 자금을 이용하는 결과가 되므로 증여세가 과세되지 않는다.

Q 2. 이 법인은 잉여금 중 4억 원을 배당하려고 한다. 이익준비금을 고려하지 않는다면 1인당 배당받을 수 있는 금액은?

1억 원씩이 된다. 주주 4명이 균등하게 지분을 보유하고 있기 때문이다.

Q 3. 만일 해당 건물을 처분해 50억 원 이상의 차익을 얻었다고 하자. 이 중 40억 원을 배당한다고 하면 주주 1인당 얼마만큼 배당을 받을 수 있는가? 이 경우에도 이익준비금을 고려하지 않는다.

1인당 10억 원씩 배당을 받을 수 있다.

Q 4. 앞의 결과에서 어떤 교훈을 얻는가?

법인에서 발생한 잉여금에 대한 배당권리는 주주가 보유한 지분율에 따라 결정된다. 따라서 자녀 등에 대한 배당을 강화하기 위해서는 주주 구성을 제대로 할 수 있어야 한다.

☞ 주주 구성은 배당소득의 크기에도 영향을 주지만, 개인과 법인 거래 시 주주에 대한 증여세와 영리법인에 대한 상속 시 주주에 대한 상속세 등에도 많은 영향을 준다. 따라서 법인설립 전이나 후라도 이러한 문제에 관심을 둘 필요가 있다. 주주 구성 및 법인설립 등에 대해서는 저자의 《가족법인 이렇게 운영하라》를 참조하기 바란다. 참고로 법인상속 등에 대한 세무상 쟁점 등은 조만간 신간에서 다룰 예정이다.

## Tip 주식 지분과 관련해 주의할 점

· 지분율이 균등한 경우에는 배당도 균등하게 해야 한다.

· 법인의 주주와 특수관계인이 법인에 증여한 경우에 주주에게 증여세가 부과될 수 있다(상증법 제45조의 5).

· 법인에 유증을 통해 상속하는 경우 법인세가 과세되나, 법인의 주주 중에 상속인이나 직계비속이 있는 경우 그들에게 상속세가 추가된다 (상증법 제3조의 2).

· 주식을 양도하거나 상속 또는 증여하는 경우에는 세법에서 정한 방법에 따라 주식을 평가해야 한다.

특수관계인인 개인과 법인이 부동산을 거래 시 발생할 수 있는 세무상 쟁점을 검토해보자.

## 1. 개인과 법인 간의 매매

### (1) 매매가액 차이에 따른 세법의 규정

| 구분 | 양도자(개인) | 양수자(법인) |
|---|---|---|
| 시가로 양도 시 | 세무상 쟁점 없음. | 좌동 |
| 저가로 양도 시 | 시가로 양도한 것으로 봄*. | · 법인 : 규제 없음.<br>· 주주 : 증여의제** |
| 고가로 양도 시 | – | 법인 : 부당행위 계산부인(초과분은 자산 감액, 초과분은 주주 배당소득세 과세*) |

\* 부당행위 계산부인 : 시가와 거래가액의 차액이 3억 원 이상이거나 시가의 100분의 5에 상당하는 금액 이상인 경우에 한함(소법 제101조, 법법 제52조).

\*\* 상증법상 증여의제(상증법 제45조의 5) : 시가와 거래가액의 차액이 3억 원 이상이거나 시가의 100분의 5에 상당하는 금액 이상인 경우로서 주주별로 1억 원 이상인 경우에 한함.

☞ 시가의 5%(증여는 30%) 이상 차이나게 거래하는 경우에 부당행위계산 등이 적용된다. 따라서 시가의 파악이 중요하다.

## (2) 소법과 법법상 매매에 대한 시가 규정

| 구분 | 원칙 | 예외 |
|------|------|------|
| 소법 | 상증법(제60조~제66조 등)을 준용<br>- 매매사례가액, 감정평가액, 보충적 평가액 등(매매일 전후 3개월 내) | |
| 법법 | 제삼자 간에 일반적으로 거래된 가격 | 시가가 없는 경우<br>· 감정평가액<br>· 상증법상 평가액 |

☞ 개인이 법인에 또는 법인 간의 매매 시에는

- 제삼자 간에 거래된 가격이 있는지를 조사하거나

- 없는 경우 감정평가를 받아 진행하거나

- 또는 쌍방 간에 합리적인 가격을 책정해 매매계약서를 작성해 진행할

  수밖에 없을 것으로 보인다.


## 2. 법인과 법인 간의 매매

법인 간 자산 매매 시에는 다음과 같은 세금 관계가 형성된다. 즉, 시가

보다 5%(3억 원) 이상 거래 시 이익을 준 쪽에 부당행위계산을 적용해 시가

로 과세한다.

| 구분 | 양도자(법인) | 양수자(법인) |
|------|------|------|
| 시가로 양도 시 | 세무상 쟁점 없음. | 좌동 |
| 저가로 양도 시 | 법인은 부당행위계산 | · 법인 : 규제 없음.<br>· 주주 : 증여의제 |
| 고가로 양도 시 | 법인 : 규제 없음. | 법인 : 부당행위계산부인(초과분은 자산 감액, 초과분은 주주 배당소득세 과세) |

## 3. 검토의견

제삼자 간에 자산의 매매는 제한이 없으나, 특수관계인 간의 매매는 소법, 법법, 상증법을 적용받는다. 여기서 소법과 법법은 특수관계인과의 거래를 통해 세 부담을 낮추는 경우 부당행위계산제도를 적용해 시가로 과세한다. 물론 부당행위에 해당하려면 시가가 확인되어야 하고 거래금액이 시가의 5%(차액 기준은 3억 원) 이상 범위를 벗어나야 한다. 한편 상증법은 개인 또는 법인과의 거래로 인해 개인(주주 포함)이 무상이익을 받을 때 적용되나, 이 경우 이익이 시가의 30%(차액 기준은 3억 원) 이상 벗어나야 한다(주주의 경우에는 추가로 분여받은 이익이 주주별로 1억 원 이상이 되어야 함).

## [절세 탐구 2]
## 영리법인에 증여하는 경우의 실익 분석

영리법인의 주주와 특수관계인에 있는 자로부터 부동산이나 금전 등을 증여받은 경우가 있다. 주로 이해관계가 있는 법인을 통해 주주들에게 부를 이전하기 위해서다. 그렇다면 이러한 행위들에 대해 상증법 등은 어떤 식으로 대응할까? 다음에서 이에 대해 알아보자.

### 1. 영리법인에 대한 세제(법인세, 취득세)

영리법인이 부동산 등을 증여받으면 법인세가 과세되는 것이 원칙이다. 다만, 결손금이 있는 경우에는 법인세는 과세되지 않는다. 이 외에도 취득세도 검토해야 한다.

#### (1) 법인세

법인이 부동산을 증여받으면 자산이 늘어나고 이익이 늘어난다. 따라서 이러한 자산수증익이 법인의 순자산을 증가시켰으므로 이에 대해서는 법인세가 부과되는 것이 원칙이다.

#### (2) 취득세

법인이 부동산을 증여받으면 다음과 같이 취득세를 부담해야 한다.

| 구분 | 과세표준 | 취득세율 |
|---|---|---|
| 주택 | 시가 인정액 원칙* | 3.5%(4.0%)~12%(최대 13.4%) |
| 주택 외(메디컬 건물 등) | 상동 | 3.5%(4.0%) |

\* 시가 인정액이 불분명하거나 시가표준액이 1억 원 이하인 경우에는 시가표준액을 과세표준으로 한다.

☞ 법인이 증여를 받으면 취득세 중과세가 적용되지 않는다. 취득세 중과세는 승계취득이나 원시취득에 적용되기 때문이다.

## 2. 영리법인의 주주에 대한 세제(증여세)

상증법 제45조의 5(특정 법인과의 거래를 통한 이익의 증여 의제)에서는 특정 법인의 주주가 이익을 보면 그들에게 증여세를 부과한다. 이때 주주별로 증여받은 이익이 1억 원 이상이 되어야 한다.

※ 상증법 제45조의 5

① 지배주주와 그 친족이 직접 또는 간접으로 보유하는 주식보유비율이 100분의 30 이상인 법인(이하 '특정 법인'이라 한다)이 지배주주의 특수관계인과 다음 각 호에 따른 거래를 하는 경우에는 거래한 날을 증여일로 하여 그 특정 법인의 이익에 특정 법인의 지배주주 등의 주식보유비율을 곱하여 계산한 금액을 그 특정 법인의 지배주주 등이 증여받은 것으로 본다.

1. 재산 또는 용역을 무상으로 제공받는 것
2. 재산 또는 용역을 통상적인 거래 관행에 비추어 볼 때 현저히 낮은 대가로 양도·제공받는 것
3. 재산 또는 용역을 통상적인 거래 관행에 비추어 볼 때 현저히 높은 대가

로 양도·제공하는 것

⑤ 법 제45조의 5 제1항을 적용할 때 특정 법인의 주주 등이 증여받은 것으로 보는 경우는 같은 항에 따른 증여의제 이익이 1억 원 이상*인 경우로 한정한다.

* 1년간의 이와 유사한 증여이익의 합계액이 1억 원에 미달하면 해당 금액은 소멸한다. 따라서 1년 단위로 증여이익이 얼마인지를 점검해야 한다.

## 3. 적용 사례

사례를 통해 앞의 내용을 확인해보자. 다음 자료를 보고 물음에 답해보자.

[자료]
· 수증자 : K법인(K씨 40%, 그의 배우자와 자녀 2명이 각각 20%씩 보유)
· 증여자 : K씨의 부친
· 증여대상 : 일반 상가
· 시세 : 5억 원(기준시가 : 3억 원)

Q 1. 법인세 예상액은?

전체 소득금액이 5억 원이므로 이에 19%와 2,000만 원의 누진공제를 적용하면 7,500만 원의 법인세가 예상된다.

Q 2. 주주에게 증여세 과세를 할 때 증여이익은 어떻게 산정하는가?

이는 증여가액에서 증여 때문에 산출되는 법인세 상당액을 차감해 계산한다.

· **증여이익**

= **5억 원 – 7,500만 원**(법인세 산출세액에서 공제와 감면세액을 차감함)

= **4억 2,500만 원**

### Q 3. 사례에서 주주에게 증여세가 과세되는가?

주주에게 증여세가 과세되기 위해서는 주주별로 증여이익이 1억 원 이상이 되어야 한다. 따라서 K씨에게만 증여세가 과세된다.

| 구분 | 지분율 | 증여이익 계산 | 증여세 과세 여부 |
|---|---|---|---|
| K씨 | 40% | 4억 2,500만 원 × 40% = 1억 7,000만 원 | 과세됨. |
| K씨 배우자 | 20% | | 과세되지 않음. |
| 자녀 1 | 20% | 4억 2,500만 원 × 20% = 8,500만 원 | 과세되지 않음. |
| 자녀 2 | 20% | | 과세되지 않음. |
| 계 | 100% | | |

### Q 4. 앞 사례의 자녀 등은 증여이익이 1억 원에 미달해 증여세가 과세되지 않았다. 그렇다면 이때 미달한 금액은 다음 해로 이월되어 증여이익에 합산되는가?

그렇지 않다. 다음 해에 증여이익을 다시 계산해 이에 대한 과세판단을 별도로 해야 한다.

### Q 5. 영리법인에 증여한 재산은 상속가액에 합산되는가?

그렇다. 이때 합산되는 기간은 상속개시일 전 소급해 5년이다. 영리법인은 상속인 외의 자가 되기 때문이다.

영리법인이 유증 등을 통해 상속을 받은 경우 일차적으로 법인세를 낸다. 그런데 상속받은 영리법인의 주주 중 상속인과 그 직계비속이 있는 경우에는 그 상속인과 직계비속이 추가로 상속세를 납부해야 한다.*

* 영리법인의 주주에 상속인과 그 직계비속이 없는 경우(예 : 사위나 며느리 등)에는 법인세 납부로 끝나게 된다.

> ※ 상증법 제3조의 2 제2항
> ② 특별연고자 또는 수유자*가 영리법인인 경우로서 그 영리법인의 주주 또는 출자자 중 상속인과 그 직계비속**이 있는 경우에는 대통령령으로 정하는 바에 따라 계산한 지분 상당액***을 그 상속인 및 직계비속이 납부할 의무가 있다. (2015. 12. 15 개정)

* 특별연고자 또는 수유자는 민법에서 정하고 있는 상속방법을 말한다. 전자는 상속인이 없을 때 후자는 유증을 통해 상속한다. 이외의 상속 시 상속 포기 등에 의해 영리법인에 이전되면 먼저 상속세가 된다. 다음 예규를 참조하기 바란다.
※ 상증, 재삼 01254-998, 1992. 4. 27
상속개시 후에 상속재산을 상속인이 영리법인에 증여한 경우 당해 재산에 대하여는 상속세가 과세되는 것이나, 피상속인이 상속재산을 영리법인에 유언으로 증여한 경우 상속세법 제18조 제1항 단서 규정에 따라 같은 법인이 납부할 상속세액은 면제되는 것임.

** 상속인 1순위는 자녀와 배우자를 말하며, 그 직계비속은 이들의 직계비속을 말한다. 따라서 피상속인의 관점에서 보면 손자녀 등이 이에 해당한다.

*** 상증법 제3조 제2항에서 다음과 같이 규정하고 있다.
{영리법인이 받았거나 받을 상속재산에 대한 상속세 상당액-(영리법인이 받았거나 받을 상속재산×10%)} × 상속인과 그 직계비속의 주식지분 비율

# 부록

## 메디컬 빌딩 신축(리모델링)과 핵심 세무검토

# 메디컬 빌딩의 신축과
# 세무상 쟁점

메디컬 빌딩을 신축하는 경우의 세무 처리법을 정리하면 다음과 같다. 참고로 신축하는 경우의 세무 처리법은 개인과 법인에서 차이가 거의 없으나, 용지 매입 시나 준공 시의 취득세에서는 다소 차이가 난다.

## 1. 건물신축과 세제

건물을 신축할 때 다음과 같은 세목들이 관련을 맺는다.

| 구분 | 취득 시 | 공사 중 | 준공 시 |
|---|---|---|---|
| 개념 | 구건물 취득 | 건축공사 중 | 건축물 완공 |
| 세목 | · 취득세<br>· 부가세 | 부가세 | · 취득세*<br>· 부가세 |

* 리모델링의 경우 증축분에 대해서는 원칙적으로 취득세가 부과된다.

### (1) 취득 시

구건물 취득에 따른 취득세와 부가세가 발생한다. 이때 주의할 점은 취득세의 경우 중과세가 적용되는지, 부가세의 경우 환급이 되는지 등이 쟁점이 된다.

### (2) 공사 중

공사 중에는 공사비 지급과 관련해 발생한 부가세의 환급 여부가 쟁점이 된다.

### (3) 준공 시

준공 시에는 준공에 따른 취득세, 분양가액의 책정 등이 쟁점이 된다.

☞ 메디컬 빌딩의 신축과 관련해서는 구건물의 취득세 중과세와 부가세 환급 여부가 중요하다.

## 2. 적용 사례

사례를 통해 앞의 내용을 확인해보자. K법인은 메디컬 빌딩을 신축할 계획을 하고 있다. 다음 자료를 보고 물음에 답해보자.

[자료]
· 메디컬 빌딩 10층 신축예정
· 구건물 취득가액 : 20억 원

Q 1. 구건물을 취득하면 취득세가 중과세되는가?

본점 소재지가 파주시로 과밀억제권역 밖에 소재하므로 이 경우 지법 제13조 제2항에 따른 취득세 중과세가 적용되지 않는다.

Q 2. 구건물을 취득하면 부가세 환급을 받을 수 있는가?

구건물을 토지사용의 목적으로 바로 철거하면 토지와 관련된 부가세로 보고 환급을 해주지 않는다. 따라서 부가세를 환급받기 위해서는 취득 후 일정 기간 사용 후 신축해야 한다.

Q 3. 구건물을 취득한 후 철거하려고 한다. 이 경우 건물가액을 0원 으로 해도 되는가?

그렇다. 이에 대해서는 3장, 5장 등에서 살펴봤다.

Q 4. 공사 중에 발생한 부가세는 환급이 가능한가?

그렇다. 참고로 건물 중 주거용 부분이 있으면 이에 해당하는 부가세는 환급이 되지 않는다(안분).

Q 5. 사례에서 준공 시 취득세는 중과세율이 적용될 여지가 있는가?

본점이 과밀억제권역 밖에 소재하므로 신축건물을 본점용 건물(사옥)

로 사용하지 않는 한 신축건물에 대해서는 취득세 중과세가 적용되지 않는다.*

* 과밀 안에서 본점을 신축하거나 이 지역에서 설립된 법인으로서 5년이 안 된 상태에서 임대용 건물을 신축하면 취득세 중과세를 검토해야 한다.

# 구건물 취득과
# 취득세 중과세

수도권 과밀억제권역에서 설립된 법인이 5년 미경과한 상태에서 이 지역 내의 부동산을 취득하면 사업목적 여부를 불문하고 취득세 중과세가 적용된다. 이 지역 내의 인구집중을 억제하기 위해 정책적으로 중과세를 적용하고 있기 때문이다. 따라서 이들 법인이 수도권에서 건물을 매입해 허물고 메디컬 건물이나 오피스텔 등을 신축·분양할 때는 이러한 문제에 주의해야 한다. 참고로 취득세 중과세 규정은 지법 제13조(대도시 내 법인취득 등)와 지법 제13조의 2(법인의 주택취득 등)로 구별되고 있다. 이하는 주로 전자를 중심으로 살펴보자.

## 1. 메디컬 빌딩 신축법인의 취득세 중과세

수도권 과밀억제권역 내에서 신설된 법인이 용지 마련을 위해 건물 등을 매입할 때 다음과 같은 사항들에 유의해야 한다.

첫째, 취득세 중과세 규정을 정확히 이해해야 한다.

취득세 중과세 규정은 지법 제13조(주택에 대한 중과세는 제13조의 2)에서 다루고 있다. 여기에서는 대도시(수도권 과밀억제권역)에서 사옥이나 공장을 신·증축하거나, 이 지역 내의 부동산을 사업경력이 짧은(5년 미경과) 신설법인이 취득하면 중과세를 적용하고 있다. 참고로 지법 제13조의 2는 국내 법인 등이 주택을 취득하면 지역을 불문하고 원칙적으로 12%의 세율을 적용하고 있다.


둘째, 취득세 중과제외 업종에 해당하는지를 검토해야 한다.

신설법인이 과밀억제권역 내에서 부동산을 취득하더라도 중과제외 업종에 해당하면 중과세를 적용하지 않는다. 주로 공익성이 큰 업종(주택건설사업, 주택임대사업 등)에 해당하면 중과배제를 해주고 있다.

☞ 메디컬 임대법인(부동산 임대업)의 경우 취득세 중과제외 업종에 해당하지 않는다. 참고로 지령 제26조 제1항 제9호에서는 '의료법 제3조에 따른 의료업'도 중과제외 업종으로 분류하고 있다. 다만, 의료업은 영리법인으로 운영할 수 없으므로 이 규정은 현실적으로 의미가 없다고 할 수 있다.


셋째, 처음부터 법인설립을 수도권 과밀억제권역 밖에서 한다.

법인에 대한 취득세 중과세는 주로 수도권 과밀억제권역 내에서 법인을 설립(수도권으로의 전입, 지점설치 포함)했을 때 발생한다. 따라서 이러한 중과세 위험을 없애기 위해서는 기본적으로 수도권 과밀억제권역 밖에서 법인을 설립하는 것이 좋을 것으로 보인다(9장 참조).

## 2. 적용 사례

서울에 있는 K법인은 설립된 지 5년이 안 된 법인으로, 메디컬 빌딩을 신축 후 임대하기 위해 다음과 같이 부동산을 취득했다. 물음에 답해보자.

[자료]
· 취득 부동산 유형 : 일반 건물
· 취득가액 : 50억 원
· 부동산 소재 지역 : 서울시

Q 1. 이 건물을 취득하면 취득세 중과세가 적용되는가?

법인이 다음과 같은 조건을 모두 충족하면 지법 제13조 제2항에 따라 8%(원시취득은 4.4%)의 중과세를 적용한다.

· 수도권 과밀억제권역 내에서 신설된 법인일 것

· 설립된 지 5년이 미경과할 것

· 수도권 과밀억제권역 내의 부동산을 취득할 것

· 중과제외 업종*에 해당하지 않을 것

* 메디컬 건물임대업종은 이에 해당하지 않는다.

따라서 사례의 경우 앞의 요건을 충족해 중과세가 적용될 것으로 보인다. 예상 취득세는 4억 원(50억 원의 8%) 이상이 된다(이외 농특세 등이 추가).

Q 2. 중과세를 적용받지 않으려면 어떻게 해야 하는가?

본점 소재지를 수도권 과밀억제권역 밖으로 두어야 한다.

Q 3. 만일 이 법인이 메디컬 건물을 신축해 준공했다면 원시취득에 따른 취득세 중과세가 적용되는가?

본점 소재지가 어디에 있는지에 따라 다음과 같이 중과세가 적용된다.

· **본점이 수도권 과밀억제권 내에 소재한 경우 : 4.4%**(중과세)

· **본점이 수도권 과밀억제권 밖에 소재한 경우 : 2.8%**(일반과세)

## Tip 법인의 대도시 내 부동산 취득에 대한 중과세 적용 여부
### (지법 제13조 제2항)

| 구분 | | 세율 | 비고 |
|---|---|---|---|
| 본점이 과밀 안에 소재 | 해당 법인이 토지나 비주거용 건물 등을 승계취득 하는 경우 | 8% | 4%×3배−중과기준세율 2%×2배=12%−4%=8% |
| | 해당 법인이 부동산을 신축(원시취득)하는 경우 | 4.4% | 2.8%×3배−중과기준세율 2%×2배=8.4%−4%=4.4% |
| 본점이 과밀 밖에 소재 | 해당 법인이 토지나 비주거용 건물 등을 승계취득 하는 경우 | 4% | |
| | 해당 법인이 부동산을 신축(원시취득)하는 경우 | 2.8% | |

# 구건물 취득과
# 부가세 처리법

건물 매입 시 필연적으로 부가세가 발생하는데, 이의 처리가 허술하면 세무위험이 크게 발생한다. 다음에서 메디컬 건물의 임대 또는 신축한 경우로 나눠 이에 대한 부가세 관련 세무위험 예방법을 정리해보자.

## 1. 건물의 매입 시 부가세 환급 여부

### (1) 건물을 매입해 계속 임대하고자 하는 경우

첫째, 건물의 공급 시기에 주의하자.

부가세법상 건물의 공급 시기는 잔금청산일이 된다. 따라서 잔금청산을 한 후에 폐업하게 되면 잔금청산일을 세금계산서 작성일로 하면 된다. 그런데 계약일 후 잔금청산일 사이에 폐업하는 경우가 있는데 이때 '폐업일'을 공급 시기로 본다. 참고로 부동산의 계약일~잔금청산일의 기간이 6개월 이상이고 대금을 2회 이상 나눠 받으면 중간지급 조건부 계약은 '각 대가를 받기로 한 날'이 공급 시기가 되므로 이날을 기준으로 각각 세금계산서를 발급해야 한다.

둘째, 부가세 계산법에 주의하자.

토지와 건물의 가액을 계약서에 구분·기재한 경우 원칙상 이를 인정하지만, 기준시가로 안분한 것에 비해 30% 이상 차이가 난 경우 계약서상의 금액을 인정하지 않고 기준시가로 안분하게 된다. 따라서 건물의 가치가 없는 경우에는 감정평가를 받아 이의 금액으로 안분하는 것이 좋을 수 있다. 참고로 2022년부터 토지만을 사용할 목적으로 건물을 매입한 경우 건물가액을 0원으로 해도 이를 인정한다.

셋째, 부가세를 발생시키지 않으려면 포괄양수도계약을 맺으면 된다.

매수자가 임차인이나 부채 등을 그대로 승계받으면 이는 부가세법상 포괄양수도계약에 해당해 부가세 없이 거래를 끝낼 수 있다.

## (2) 건물을 매입 후 철거하고 신축하고자 하는 경우

건물을 매입 후 상당 기간 사용하면 앞처럼 부가세 처리를 하면 된다. 하지만 매입 후 바로 신축에 들어갈 때는 건물 매입에 따른 부가세와 철거비용 부가세는 환급대상이 아닌 토지원가로 보게 된다. 따라서 이러한 상황에서는 부가세 환급이 되지 않는다는 점에 유의해야 한다.

## 2. 적용 사례

K법인은 다음의 건물을 취득하고자 한다. 물음에 답해보자.

[자료]
· 임대용 건물 매입가 : 50억 원
· 건물기준시가 3억 원, 토지기준시가 17억 원
· 임차인이 있음.
· 부가세 별도 계약

Q 1. 이 거래에서 부가세가 발생하는가?

임대용 건물도 재화에 해당하므로 부가세가 발생하는 것이 원칙이다. 다만, 토지의 공급에 대해서는 부가세가 면제된다.

Q 2. K법인이 부담하는 매입세액은 환급받을 수 있는가?

계속 임대하는 경우에는 환급받을 수 있으나, 신축용으로 매입하는 경우에는 환급을 받을 수 없다. 건축물을 철거하고 토지만을 사용하는 경우에는 철거한 건축물의 취득 및 철거비용에 관련된 부가세는 토지 관련 매입세액에 해당하기 때문이다(부가세법 집행기준 39-80-1).

Q 3. 이 거래에서 기준시가로 안분하면 과세표준과 부가세는?

전체 가액 50억 원에 건물의 기준시가 비율(3억 원/20억 원)을 곱하면 건물의 공급가액은 7억 5,000만 원이 된다. 그에 따른 결과로 부가세는 7,500만 원이 된다.

Q 4. 만일 감정평가를 받은 결과 건물가액이 1억 원으로 평가되었다면 이의 금액으로 부가세를 발생시켜도 되는가?

그렇다. 부가세법 제29조 제9항에서는 토지와 건물의 공급가액이 구분되지 않으면 부가령 제64조를 적용하도록 하고 있기 때문이다. 이 경우 감정평가액이 기준시가보다 우선 적용된다.


Q 5. 만일 건물가액을 0원으로 계약하면 문제는 없는가?

그렇지 않다. 부가세법 제29조 제9항 제2호에서는 임의구분가액이 '감정평가, 기준시가'로 계산한 것에 비해 30% 이상 차이가 발생하면, 감정평가나 기준시가의 비율로 안분하도록 하고 있기 때문이다. 다만, 구입 후 멸실 예정이라면 건물가액을 0원으로 해도 된다. 부가령 제64조 제2항 제2호에서는 건물을 철거하고 토지만 사용하는 경우에는 사업자가 임의로 구분한 가액을 인정하기 때문이다(2022. 2. 15 이후 공급분부터 적용).


② 법 제29조 제9항 제2호 단서에 따라 다음 각 호의 어느 하나에 해당하는 경우에는 건물 등의 실지거래가액을 공급가액으로 한다. (2022. 2. 15 신설)

1. 다른 법령에서 정하는 바에 따라 토지와 건물 등의 가액을 구분한 경우 (2022. 2. 15 신설)
2. 토지와 건물 등을 함께 공급받은 후 건물 등을 철거하고 토지만 사용하는 경우 (2022. 2. 15 신설)


참고로 위의 제2호에서 '토지만 사용하는 경우'란 건축물이 있는 토지를 취득하면서 기존건축물을 철거하고 해당 토지의 전부를 새로운 건축물

의 대지로 사용하기 위한 것을 포함하는 것으로 보는 것이다(법인 22601-887,
1989. 3. 9 참조).

Q 6. Q 5처럼 건물가액을 0원으로 했지만, 매입 후에도 임대가 계속
된다면 이 경우에는 어떻게 되는가?

앞에서 본 기준시가 30% 규정이 적용되어 부가세가 추징될 가능성이
크다.

---

### Tip 건물의 공급가액 안분 관련 세무위험을 줄이는 방법

토지와 건물의 일괄공급 시 건물의 공급가액은 어떤 식으로 정하는 것
이 좋을지 상황별로 알아보자. 이에 대한 자세한 내용은 3장과 5장에서
살펴보았다.

**1. 바로 멸실에 들어갈 경우**

취득 후 바로 멸실에 들어갈 때 건물가액을 0원으로 해도 된다. 다만,
이때 주의할 것은 건물이 일부라도 임대 등에 사용된다면 30% 규정이
적용된다는 것이다.

**2. 매도자가 철거하는 조건으로 계약하는 경우**

이 경우에는 토지의 양도에 해당하므로 부가세가 발생하지 않는다. 다
만, 매도자의 경우 임대업을 폐지하는 것이므로 폐업 시 잔존재화에 대
한 부가세(10년 미경과 시 부가세 발생), 철거비용 등에 대한 매입세액 불공
제(부가세과-552, 2009. 4. 21) 등의 문제가 발생한다.

### 3. 일정 기간 사용 후 멸실에 들어갈 경우

이때에는 토지와 건물의 일괄공급에 해당하므로 건물의 공급가액에 대해 부가세가 발생한다. 따라서 이때에는 다음과 같은 방법을 사용한다.

첫째, 사업의 모든 권리와 의무를 포괄적으로 양수도 하는 계약을 맺어 부가세를 아예 발생시키지 않는다.

둘째, 부가세 발생 여부가 중요하지 않으면 기준시가 비율로 안분해 건물의 공급가액을 정한다.

셋째, 부가세의 최소화가 필요한 경우에는 임의로 건물가액을 구분하되 기준시가 30% 규정을 준수한다.

넷째, 이 내용을 신뢰할 수 없다면 감정평가를 받아 건물의 공급가액을 정할 수도 있다.

# 메디컬 빌딩의
# 준공과 취득세

공사를 완공한 후에는 원시취득한 건물에 대해 취득세를 납부해야 한다. 이때 개인은 시가표준액으로 취득세를 납부할 수 있지만, 법인은 장부를 근거로 취득세를 납부해야 한다. 다음에서 법인의 메디컬 빌딩을 원시취득한 경우 이에 대한 취득세 과세내용을 알아보자.

## 1. 준공 시의 취득세 과세표준

취득세의 과세표준은 취득 당시의 가액으로 한다. 이때의 취득가격은 취득시기를 기준으로 그 이전에 해당 물건을 취득하기 위해 거래상대방 또는 제삼자에게 지급했거나 지급해야 할 직접비용과 다음 각 호의 어느 하나에 해당하는 간접비용의 합계액으로 한다.

※ 취득세 과세표준의 범위

| 포함 | 불포함* |
|---|---|
| · 기존건축물 철거비, 철거 용역비<br>· 토목공사비, 파일(땅깎기, 성토, 굴착, 흙막이 공사)<br>· 설계비, 감리비<br>· 건설자금이자(세정-3608, 2007. 9. 5)<br>· 교환설비<br>· 취득일 이전에 지급한 명도비용<br>· 붙박이 냉장고(빌트인이 아닌 경우는 불포함)<br>· 산재보험료(세정 13407-33) 등 | · 부가세<br>· 분양광고비<br>· 단지 내 포장 공사비<br>· 지목변경이 수반되지 않는 조경공사비(단지 외곽도로조성에 든 포장 및 조경공사비는 지법 제105조 5항에 의거 토지의 지목변경에 해당해 과세 대상임)<br>· 비치한 조각품<br>· 지역 난방공사비 분담금(시설물을 취득한 것이 아니므로 제외. 행자부 심사 2001-252, 2001. 5. 28)<br>· 사업권 양도양수비<br>· 학교용지부담금<br>· 하자보수충당금 등 |

* 기존 건물의 장부가액은 지출되는 비용이 아니므로 취득세 과세표준과 무관하다.

## 2. 준공 시 취득세율

건물이 완공된 경우의 취득세율은 크게 표준세율과 중과세율로 구분된다.

### (1) 준공 시 표준세율

2.8%로 한다. 농특세 등을 추가하면 3.16%가 적용된다.

### (2) 준공 시 중과세율

법인의 신축에 따른 중과세는 크게 지법 제13조 제1항에 따른 과밀억제권역 내에서 본점용 건물을 신축한 경우와 이 지역 내에서 설립된 지 5년이 안 된 법인이 건물을 신축한 경우가 해당된다. 그런데 메디컬 건물은 본점용으로 사용하는 것이 아닌 임대용으로 사용하므로 전자의 중과세가 적용되지 않는 경우가 보통이다. 물론 이 경우에도 건물 일부를 본점으로 사용하면 해당 부분은 중과세율(6.8~8.4%)이 적용될 수 있다. 한편 후자의 경우에는 수도권 과밀억제권역 밖에서 설립된 경우에는 5년이 안 된 법인이라도 신축에 따른 중과세가 적용되지 않는다.

☞ 과밀억제권 내에서 메디컬 빌딩을 법인의 본점으로 사용하기 위해 신축한 경우 취득세 중과세가 적용될 수 있음에 유의해야 한다. 이때에는 법인의 설립연도와 무관하게 취득세 중과세가 적용된다. 하지만 법인의 본점이 아닌 임대용으로 사용하기 위해 신축하는 경우에는 본점의 소재 지역이 중요하다. 과밀억제권역 밖에 소재하면 취득세 중과세가 적용되지 않기 때문이다. 법인에 대한 취득세 중과세는 내용이 까다롭다. 좀 더 자세한 것을 알고 싶다면 저자의 《부동산 투자·중개·등기 세무 가이드북》을 참조하기 바란다.

## Tip 메디컬 빌딩의 승계취득과 원시취득 시의 표준세율

메디컬 건물은 일반 건물에 해당하므로 이를 승계 취득하면 4%의 취득세율이 적용되며, 원시취득의 경우에는 2.8%가 적용된다. 이외 농특세 등이 추가된다. 이를 요약해 표로 정리하면 다음과 같다.

| 구분 | | 승계취득 | 원시취득 |
|------|------|---------|---------|
| 과세표준 | 개인 | 사실상의 취득가액 | 좌동(단, 사실상 취득가액이 불분명 : 시가표준액) |
| | 법인 | 상동 | 사실상 취득가액 |
| 표준세율 | | 4% | 2.8% |
| 총취득세율 | | 4.6% | 3.16% |

신방수 세무사의
## 메디컬 건물, 이렇게 취득하고 운영하라

**제1판 1쇄** 2024년 7월 20일

지은이  신방수
펴낸이  한성주
펴낸곳  ㈜두드림미디어
책임편집  이향선
디자인  얼앤똘비악(earl_tolbiac@naver.com)

**㈜두드림미디어**
등록  2015년 3월 25일(제2022-000009호)
주소  서울시 강서구 공항대로 219, 620호, 621호
전화  02)333-3577
팩스  02)6455-3477
이메일  dodreamedia@naver.com(원고 투고 및 출판 관련 문의)
카페  https://cafe.naver.com/dodreamedia

**ISBN**  979-11-93210-90-1 (03320)

책 내용에 관한 궁금증은 표지 앞날개에 있는 저자의 이메일이나
저자의 각종 SNS 연락처로 문의해주시길 바랍니다.

책값은 뒤표지에 있습니다.
파본은 구입하신 서점에서 교환해드립니다.